Bayerisches Weltenbummler Kochbuch

von Hubert Rathey

„Wohlan, so iss' Dein Brot mit Freude und trinke frohen
Herzens Deinen Wein.
Denn Gott gefällt seit je solch Tun von Dir."
Prediger 9,7

Vorwort

Bayrisches Weltenbummlerkochbuch - ein etwas seltsamer Titel, könnte man meinen. Was ist es nun, ein Bayerisches Kochbuch oder ein „Weltkochbuch"? Eigentlich weder noch, es ist *mein* Kochbuch, zumindest ein Teil davon. Ich habe schon immer mit Leidenschaft gegessen und mit noch größerer Leidenschaft gekocht (was man meinem Bauchumfang zwischenzeitlich auch ansieht). Beides ergänzt sich übrigens hervorragend. Über die Jahre sammeln sich natürlich jede Menge Rezepte an. Einige kocht man nur einmal - einige bleiben aber auch und werden zum festen Bestandteil einer Küche.

Auf meinen Reisen hat mich immer zuerst die Küche des Landes interessiert und ich habe mit Leidenschaft alles ausprobiert. Durch nichts sonst kann man ein Land besser kennenlernen, als durch das Essen, und so nebenbei lernt man beim Essen und Kochen auch viele Menschen kennen. Ich muss zugeben, nicht alles hat mir geschmeckt, aber vieles hat meine bescheidenen Kochkünste beeinflusst. Gelernt habe ich das Kochen von meiner Mutter und meiner Oma., einfach nur vom zuschauen und erschmecken. Beide pflegten eine hervorragende bayerisch-oberpfälzische Küche, und so sind auch meine Kochwurzeln bayerisch und das kann man auch nicht ablegen. Das ist auch gut so! So schmeckt alles was ich koche, ob indisch, oder chinesisch eben auch ein bisschen bayerisch.

Das wichtigste beim kochen sind frische Zutaten und Kreativität, den Rest kann man improvisieren. Mit ein paar rostigen Töpfen kann man auch in der Wüste ein hervorragendes mehrgängiges Menü zaubern. Für den heimischen Herd reichen ein paar Töpfe und Pfannen in verschiedenen Größen ein gut sortiertes Gewürzregal und natürlich Rezepte. Das darf man auch ruhig zugeben, auch Spitzenköche benutzen Rezepte. Man sollte sich seine eigenen Rezepte unbedingt aufschreiben, sonst vergisst man sie, oder vergisst eine wichtige Zutat, wenn man ein Gericht wieder einmal zubereiten will. Ansonsten sollte man Rezepte nur als Anregung verstehen. Ich selbst habe nur einmal im Leben genau nach Rezept gekocht. Das war beim allerersten eigenen Kochversuch, als uns Tante Käthe und Onkel Manfred aus Mainz besucht haben. Es gab flambiertes Hähnchen in Rotweinsauce und die norddeutsche Verwandtschaft hat nicht schlecht gestaunt. Seitdem lese ich mir ein Rezept durch und koche es dann nach Lust und Laune nach, natürlich spielen auch die vorhandenen Vorräte eine nicht unerhebliche Rolle.

Bei meinen Rezepten kann man ebenso verfahren, man kann sie aber auch genau nachkochen. Mit meinen Rezepten hat man eine kleine Basisküche für alle Situationen und Feiertage rund ums Jahr. Man kann damit für sich und die Familie kochen, oder auch wenn Gäste kommen. Bei einigen Rezepten kann ich ein lang anhaltendes „mmmmmmmmmmmmmmmhhhhhhh des schmeckt ja sauguat" garantieren.

Für mich gibt's (fast) nichts schöneres, als wenn bei uns am großen Tisch jede Menge Leute beim Essen sitzen und es Allen sichtlich schmeckt und so richtig gut geht - egal wo ich auf dieser Welt bin, dann geht's auch mir

„sauguat"!

Inhaltsverzeichnis

Voressen

Artischocken.. S. 15
Brotsuppe .... S. 26
Erdäpfelsuppe.. S. 33
Fischsuppe... S. 34
Gemüsefondue.. S. 38
Griesnockerln.. S. 42
Kalte Tomatensuppe.. S. 48
Maronischaumsuppe.. S. 56
Spinatsuppe mit pochierten Eiern.................................. S. 83
Tafelspitz... S. 86
Thailändische Hühnersuppe... S. 88
Walnusspesto.. S. 96

Hauptessen

Bayerisches Wurzelfleisch.. S. 18
Couscouseintopf .... S. 28
Flusskrebse mit Gockerl in Weißwein.............................. S. 35
Garnelen-Hähnchenspieße.. S. 37
Geschmorte Lammkeule... S. 39
Gockerl mit Pilzen und Garnelen................................... S. 41
Honig- und senfmarinierter Lachs................................. S. 45
Kaspreßknödel... S. 49
Kirwagans... S. 50
Miesmuscheln in Tomatensauce..................................... S. 57
Oberpfälzer Bierbraten.. S. 59
Orientalisches Gockerl... S. 62
Paella... S. 64
Parmesanpflanzerl... S. 66
Rehragout... S. 70
Sardinen mit Pesto.. S. 75
Saueres Erdäpfelgemüse.. S. 76
Spinatsauce mit Bandnudeln.. S. 82
Zucchini-Basilikum-Risotto.. S. 101

Nachessen und zum Kaffee

Allerheiligen- oder Allerseelenzopf................................ S. 8
Apfelkuchen... S. 10
Apfelkaicheln in Bierteig.. S. 11
Apfelmus.. S. 12

Apfelstrudel.. S. 13
Apfel-Zimt Tiramisu.. S. 14
Bayerische Creme... S. 17
Beeren„eis"creme... S. 20
Lebkuchenparfait... S. 53
Mandarinensalat... S. 55
Salvator-Parfait-Berg.. S. 73
Verbranntes Orangenparfait.. S. 94
Verschleierte Bauernmoidln.. S. 95

Beilagen

Bauchstechala.. S. 16
Blaukraut... S. 22
Bohnengemüse... S. 24
Couscous.. S. 27
Doagspotzn.. S. 31
Krautsalat... S. 52
Limonenjoghurt... S. 54
Rahmspinat... S. 69
Rosenkohl mit gehackten Walnüssen.............................. S. 72
Schopperla... S. 80
Semmelknödel.. S. 81
Tomatenchutney... S. 90

Brotzeit

Currywurst... S. 30
Käsefondue... S. 47
Oberpfälzer Fladenbrot... S. 61
Radi mit Petersilpesto... S. 67
Rahmfleck.. S. 68
Sauerne Bratwürste... S. 77

Weihnachtsplätzchen und Torten

Haustorte.. S. 44
Nussrauten.. S. 58
Schnelle Ausstecherla.. S. 79
Springerle... S. 84
Torte „El Commandante".. S. 91
Vanillekipferl... S. 93
Zimtsterne... S. 100

Sonstiges

Birnen mit Preiselbeeren.. S. 21
Blutreinigender Frühlingstee... S. 23
Braune Butter... S. 25
Eingeweckte Tomaten... S. 32
Glühwein... S. 40
Grillmarinade.. S. 43
Sauerteig.. S. 78
Suppengemüse... S. 85
Weißkrautsuppe... S. 97
Wildgewürz... S. 99
Zwetschgenkonfitüre.. S. 102

Alphabetisch

Allerheiligen- oder Allerseelenzopf....................................... S. 8
Apfelkuchen.. S. 10
Apfelkaicheln in Bierteig.. S. 11
Apfelmus... S. 12
Apfelstrudel... S. 13
Apfel-Zimt Tiramisu.. S. 14
Artischocken... S. 15
Bauchstechala.. S. 16
Bayerische Creme... S. 17
Bayerisches Wurzelfleisch.. S. 18
Beeren„eis"creme... S. 20
Birnen mit Preiselbeeren... S. 21
Blaukraut.. S. 22
Blutreinigender Frühlingstee... S. 23
Bohnengemüse... S. 24
Braune Butter.. S. 25
Brotsuppe.. S. 26
Couscous... S. 27
Couscouseintopf.. S. 28
Currywurst... S. 30
Doagspotzn... S. 31
Eingeweckte Tomaten.. S. 32
Erdäpfelsuppe.. S. 33
Fischsuppe... S. 34
Flusskrebse mit Gockerl in Weißwein...................................... S. 35

Garnelen-Hähnchenspieße..S. 37
Gemüsefondue..S. 38
Geschmorte Lammkeule...S. 39
Glühwein..S. 40
Gockerl mit Pilzen und Garnelen..S. 41
Griesnockerln..S. 42
Grillmarinade..S. 43
Haustorte...S. 44
Honig- und Senfmarinierter Lachs...S. 45
Käsefondue...S. 47
Kalte Tomatensuppe..S. 48
Kaspreßknödel...S. 49
Kirwagans..S. 50
Krautsalat...S. 52
Lebkuchenparfait..S. 53
Limonenjoghurt..S. 54
Mandarinensalat...S. 55
Maronischaumsuppe..S. 56
Miesmuscheln in Tomatensauce..S. 57
Nussrauten..S. 58
Oberpfälzer Bierbraten...S. 59
Oberpfälzer Biersuppe..S. 60
Oberpfälzer Fladenbrot...S. 61
Orientalisches Gockerl..S. 62
Paella..S. 64
Parmesanpflanzerl...S. 66
Radi mit Petersilpesto...S. 67
Rahmfleck...S. 68
Rahmspinat..S. 69
Rehragout..S. 70
Rosenkohl mit gehackten Walnüssen...S. 72
Salvator-Parfait-Berg..S. 73
Sardinen mit Pesto...S. 75
Saueres Erdäpfelgemüse..S. 76
Sauerne Bratwürste..S. 77
Sauerteig..S. 78
Schnelle Ausstecherla...S. 79
Schopperla..S. 80
Semmelknödel..S. 81
Spinatsauce mit Bandnudeln...S. 82
Spinatsuppe mit pochierten Eiern...S. 83
Springerle...S. 84
Suppengemüse...S. 85
Tafelspitz..S. 86
Thailändische Hühnersuppe..S. 88
Tomatenchutney...S. 90
Torte „El Commandante"...S. 91

Vanillekipferl...S. 93
Verbranntes Orangenparfait...S. 94
Verschleierte Bauernmoidln..S. 95
Walnußpesto...S. 96
Weißkrautsuppe..S. 97
Wildgewürz..S. 99
Zimtsterne...S. 100
Zucchini-Basilikum-Risotto...S. 101
Zwetschgenkonfitüre...S. 102

TL = Teelöffel
SL = Suppenlöffel

Wenn ich keine Mengenangabe gemacht habe, kann man seiner Kreativität freien Lauf lassen.

Keine Angst - einfach ausprobieren, es kann fast nichts passieren.

Allerheiligen- oder Allerseelenzopf

Zutaten
500 g Mehl
1/8 Liter Milch
20 g Hefe
75 g Zucker
100 g weiche Butter
1 Prise Salz
abgeriebene Schale von einer kleinen Zitrone
1 Ei
2 Eigelb
Fett für das Blech
50 g zerlassene Butter
2 SL Honig
50 g gehackte Mandeln

Zubereitung
Mehl in eine Schüssel geben. In die Mitte eine Mulde drücken. Die Milch
lauwarm erhitzen. Hefe zerbröckeln und in der Mulde mit zwei Suppenlöffel
Milch, einem Teelöffel Zucker und etwas Mehl vom Rand verrühren. Den
Vorteig zugedeckt bei Zimmertemperatur 15 Minuten ruhen lassen, bis er
aufgegangen ist.

Inzwischen die Butter und den restlichen Zucker schaumig rühren. Nacheinander
Ei und Eigelb unterrühren, bis die Butter gleichmäßig gelb ist.

Den Vorteig mit dem gesamten Mehl verrühren. Restliche Milch, Butter-
mischung, Salz und Zitronenschale zugeben. Alles mit dem Knethaken des
Handrührgerätes fünf Minuten durchrühren, bis der Teig Blasen wirft und sich
vom Schüsselrand löst. Zugedeckt bei Zimmertemperatur etwa 45 Minuten
gehen lassen, bis sich sein Volumen verdoppelt hat.

Den Teig auf der mit Mehl bestäubten Arbeitsfläche mit den Händen noch
einmal kräftig durchkneten und in drei Portionen teilen. Jede Portion zu einem

Strang von 50 cm Länge rollen, dessen eines Ende spitz zuläuft. Zwei Stränge kreuzweise übereinander auf die Arbeitsfläche legen. Den dritten Strang in einem spitzen Winkel darüber legen.

Den Zopf flechten und dabei die Stränge etwas dehnen. Stränge an beiden Enden zusammendrücken. Den Zopf behutsam mit beiden Händen auf die Länge des Bachblechs zusammenschieben, auf das Blech legen und zugedeckt weitere 15 Minuten gehen lassen.
Mit einem Teil der zerlassenen Butter bestreichen und in den kalten Backofen (mittlere Schiene) schieben.

Ofen auf 180° schalten und etwa 50 Minuten backen.

Nach der halben Zeit erneut mit Butter bestreichen. Zwei SL Honig in der restlichen Butter auflösen. Den heißen Seelenzopf damit bestreichen und mit den Mandeln bestreuen.

Auf einem Kuchengitter erkalten lassen uns sehr frisch essen.

Geschichte

Zum Allerseelentag bekamen ihn arme Leute von wohlhabenden Bürgern, Dienstboten von ihrer Herrschaft und vor allem Kinder von ihren Taufpaten. Schließlich soll man an Allerseelen nicht nur an die armen Seelen im Fegefeuer, sondern auch an sein eigenes Seelenheil denken. Da man den Zopf, den es auch als Allerheiligenpitzeln (kleiner als ein Allerseelenzopf) gibt, bereits am Allerheiligentag, dem Tag des Gräbergangs, isst bzw. verschenkt, nennt man ihn meistens Allerheiligenzopf, bzw. Allerheiligenspitzel.n.
Früher gab es die besten Allerheiligenspitzeln beim Forster Beck in Fronberg. Leider gibt´s den Forster Beck schon lange nicht mehr, und man muss sich sein Allerseelenzopf selber backen. Im Ausland war ich ohnehin immer auf meine eigenen Werke angewiesen, da Allerheiligen für mich ohne Allerheiligenzopf, oder -spitzeln undenkbar wäre. Selbst gemacht schmecken sie ohnehin am besten.

Apfelkuchen

Zutaten
125 g Butter
75 g Zucker
250 g Mehl
1/8 Ltr. Weißwein

1 kg Äpfel
Zucker

2 Eier
2 Päckchen Vanillezucker
geriebene Zitronenschale
50 g Zucker
¼ Liter Sahne

Zubereitung
Butter mit Zucker schaumig rühren. Danach das Mehl und den Wein einrühren.
Das Ganze gut durchkneten. Etwa eine halbe Stunde kalt stellen.
Eine Springform mit dem Teig auslegen, dabei den Rand etwas hoch drücken.

Äpfel schälen, halbieren und entkernen. An den Rundungen werden sie
eingeritzt. Mit den Rundungen nach oben auf den Teig setzen, Zucker
draufstreuen und für ca. 45 Minuten in den Backofen schieben. (225°C).

Eier, Vanillezucker, Zitronenschale und Zucker schaumig rühren. Sahne
schlagen und unterheben. Die Masse über die Äpfel verteilen und weitere 10
Minuten überbacken.

Tipp
Passt zum Nachmittagskaffee, oder auch als Nachspeise. Dann kann man den
Kuchen evtl. noch mit einer Kugel Eis und etwas Schlagsahne servieren.

Geschichte
Von allen Apfelkuchenrezepten, die ich bisher ausprobiert habe, das Beste.

Apfelkaicheln in Bierteig

Zutaten
250 g Mehl
1 Suppenlöffel Öl
¼ Ltr. helles Bier
1 Suppenlöffel Calvados
3 Eier
4 säuerliche Äpfel
Butterschmalz
Puderzucker
Zimt

Zubereitung
Die Eier trennen. Danach Mehl, Öl, Bier, Calvados und die Eidotter zu einem
Teig verarbeiten und eine Stunde zugedeckt ruhen lassen.
Das Eiweiß mit dem Mixer steif schlagen und vorsichtig unter den Teig heben,
damit eine luftige Masse entsteht. Äpfel schälen und mit einem
Kernhausausstecher das Kerngehäuse entfernen. Den ausgehöhlten Apfel in
Ringe schneiden.
Durch den Teig ziehen und im heißen Butterschmalz auf jeder Seite knusprig
ausbacken. Mit Puderzucker und Zimt bestreuen. Die Apfelringe schmecken
lauwarm am besten.

Tipp
Am besten frisch servieren, was aber bei einem gesetzten Abendessen nicht so
einfach ist. Man kann sie dann auch aufwärmen. Dann sind sie zwar ein bisschen
lätschert, schmecken aber trotzdem.
Dazu kann man auch eine Kugel Eis, oder ein Parfait servieren, dann schmecken
sie noch mal so gut.

Geschichte
Angeblich eines der Lieblingsessen von Papst Benedikt. Kein Wunder, er hat
schließlich lange Zeit in der Oberpfalz gelebt.
Ich serviere sie gerne zu meinen „Bierabenden" , z.B. beim Starkbieranstich.

Apfelmus

Zutaten
Säuerliche Äpfel (Boskop oder Cox Orange)
Zitrone
Zucker
evtl. Zimt

Zubereitung
Äpfel schälen, in Stücke schneiden und in einem Topf verkochen. Mit Zitrone, Zucker und evtl. Zimt würzen und nach einigen Minuten, wenn die Äpfel weich sind, zu feinem Apfelmus pürieren.. Das Apfelmus hält sich in gut ausgekochten Gläsern mit festem Schraubverschluss mehrere Monate.

Tipp
Das Apfelmus kann mal als Nachspeise, z.B. mit Eis, verwenden, als Füllung für Pfannkuchen oder als Grundlage für meine „Verschleierten Bauernmoidln".

Apfelstrudel

Zutaten
300 g Mehl
1 Ei
etwas Öl
50-60 g Butter
1 Prise Salz
warmes Wasser

Für die Füllung:
Äpfel
Sauerrahm
zerlassene Butter
Zucker (wenn möglich brauner Zucker)
Milch

Zubereitung
Mehl, Ei, Öl und Butter zu einem Teig kneten. Soviel lauwarmes Wasser
dazugeben, bis ein schöner geschmeidiger Teig entsteht. Ruhen lassen. Äpfel
schälen, vierteln und in Scheiben schneiden. Teig in 2 Stücke schneiden, dünn
ausrollen oder ausziehen. Erst mit zerlassener Butter, dann mit Sauerrahm
ausstreichen, Äpfel darauf streuen, zuckern, dann rollen. In der Rein Milch und
Butter heiß werden lassen. Strudel hineinlegen und im Backrohr bei ca. 180°
etwa 30 Minuten backen, bis der Teig dunkelbraun und rösch ist.

Tipp
Während des Backens kann man noch Milch nachgießen, je nach Belieben.
Eignet sich hervorragend als Nachspeise oder auch als vollwertiges Gericht .

Geschichte
Zusammen mit einer Kartoffelsuppe ist der Apfelstrudel ein traditionelles
Oberpfälzer Freitagsgericht. Das Rezept stammt von meiner Oma und der
Apfelstrudel wird wahrscheinlich schon seit Generationen in unserer Familie so
gebacken. Egal, welche Gäste bei mir vor der Tür standen, mit einem
Apfelstrudel von Oma bin ich noch nie falsch gelegen.

Apfel-Zimt-Tiramisu

Zutaten

400 g Apfelkompott
100 g Löffelbiskuit
4 SL Calvados
500 g Joghurt
60 g Zimtzucker
200 g Sahne
30 g Mandelblättchen

Zubereitung

Apfelkompott in eine Auflaufform füllen. Die Löffelbiskuit darauf verteilen und mit dem Calvados beträufeln. Den Joghurt mit ¾ des Zimtzucker verrühren, danach die Sahne steif schlagen und unterrühren. Die Masse auf dem Löffelbiskuit verstreichen.

Mandelblättchen kurz in einer Pfanne rösten.

Das Tiramisu im Kühlschrank mindestens eine Stunde durchziehen lassen und vor dem Servieren mit den Mandelblättchen und dem restlichen Zimtzucker garnieren.

Tipp

Eine Nachspeise die man relativ schnell und einfach zubereiten kann und die trotzdem sehr gut schmeckt. Durch das Apfelkompott und den Joghurt schwebt über dieser Nachspeise auch ein Hauch von „leichter Küche", was bei Gästen immer sehr gut ankommt. Man kann sie auch schon einen Tag vorher zubereiten.

Artischocken

Zutaten

4 Artischocken
Saft von 1 Zitrone
Salz
2 hartgekochte Eier
1 großer Bund Schnittlauch
1 TL scharfer Senf
2 SL Weinessig
6 SL Olivenöl
Pfeffer

Zubereitung

Von den Artischocken die Stiele abbrechen, äußere Blätter entfernen. Spitzen der übrigen Blätter mit einer Küchenschere abschneiden. Waschen, dabei die Blätter etwas auseinanderziehen.
In einem Topf (niemals Aluminiumgeschirr verwenden) reichlich Wasser mit Zitronensaft und Salz zum Kochen aufsetzen. Artischocken mit dem Stielende nach unten bei mittlerer Hitze im offenen Topf in etwa 40 Minuten weich kochen. Wenn sich ein Blatt leicht herausziehen lässt, ist die Artischocke gar. Inzwischen Eier pellen und fein hacken. Den Schnittlauch kalt abbrausen, trocken tupfen und in Röllchen schneiden.
Senf, Essig und Öl zu einer Sauce rühren. Ei und Schnittlauch dazugeben. Artischocken aus dem Kochwasser heben, umgekehrt auf die Blätter stellen, gut abtropfen lassen. Lauwarme Artischocken mit Schnittlauchsauce servieren.

Tipp

Die Stiele abbrechen und nicht abschneiden, dann werden gleichzeitig die harten Fäden aus dem Boden der Artschocke herausgezogen. Eignet sich gut als Vorspeise.

Geschichte

Ein beliebtes Rezept aus meiner Tunesienzeit. Dort haben wir sie immer frisch am Markt gekauft. Die Artischocke ist auch ein typischer Vertreter der Mittelmeerregion.

Bauchstechala

Zutaten
250 – 375 g Mehl
Salz
1 Ei
etwas (lieber etwas mehr) lauwarme Milch
Fett
Butter

Zubereitung
Das Mehl gibt man in eine Schüssel und macht in der Mitte eine Vertiefung, gibt
Salz, Eier und so viel lauwarme Milch dazu, dass sich ein fester Nudelteig
kneten lässt. Daraus formt man kleine, fingerlange Nudeln, die zuerst kurz in
Salzwasser gekocht werden. Danach brät man sie in der Pfanne, bis sie schön
goldgelb sind.

Tipp
Die Bauchstechala schmecken als Beilage, z.B. zu meinem Osterlamm, oder
auch als eigenständiges Gericht, z.B. kann man sie mit Speck braten.
Anschließend gibt man noch geriebenen Käse (z.B. Emmentaler) und ein (oder
auch mehrere) geschlagenes Ei darüber.
Man serviert sie heiß, mit Sauerkraut, oder einem frischen grünen Salat.

Geschichte
Bauchstechala sind ein typisches oberpfälzer Gericht. Warum sie so heißen weiß
man nicht, man kann es aber erahnen. Da sie so gut schmecken, isst man so
viele, bis einem der Bauch weh tut. Spätestens dann weiß man, warum sie
Bauchstechala heißen. Ich habe sie überall auf der Welt gebrutzelt und dafür
gesorgt, dass die Schar der „Bauchstechala-Anhänger „ weltweit steigt.

Bayerische Creme - „Crème Bavaroise"

Zutaten
½ Liter Milch (3,5% Fett)
½ Liter Sahne
3 Vanilleschoten
8 Eier
150 g Zucker
7 Blatt Gelatine

Zubereitung
Die Vanilleschoten der Länge nach halbieren und das Mark heraus schaben.
Gelatine in kaltem Wasser einweichen und quellen lassen. Eiweiß und Eigelb
trennen. Eigelb und Zucker mit dem Schneebesen schaumig rühren (dauert 5
Minuten, bis der Zucker völlig aufgelöst ist). Milch und Vanillemark in einen
Topf geben, kurz aufkochen, 10 Minuten ziehen lassen. Dann die Vanillemilch
langsam in die Zucker-Eigelb-Masse rühren – gaaaaaaaaanz langsam und
behutsam, denn hier liegt der sensible Punkt: die Masse flockt, wenn sie über 65
bis 70 Grad heiß wird , dann ist sie hinüber. Gelatine in die warme Masse rühren,
dann die Schüssel in Eiswasser stellen, bis die Creme dick wird. Nun die steif
geschlagene Sahne sorgsam unterziehen.
Die Creme zugedeckt ein paar Stunden kalt stellen und fest werden lassen. Dann
mit einem heißen Löffel Nocken ausstechen und auf einen dekorierten Teller
legen.

Tipp
Die Bayerische Creme ist zugegebenermaßen keine „leichte Kost". Eine bessere
Nachspeise kann man sich aber kaum vorstellen. Zu der Creme passen Beeren
oder Schokoladensauce. Man kann beim Anrichten seiner Kreativität freien Lauf
lassen.

Geschichte
Die Bayerische Creme lässt sich bis an den Hof Stephans III., Herzog von
Bayern-Ingolstadt, zurückverfolgen, dort wohl eher unter dem Namen
„Bayerische Rahmsulz" bekannt. Seine Tochter Isabeau, die Königin von
Frankreich wurde, hat dieses Rezept verfeinert und der „Creme Bavoroise" ihren
Namen verliehen.

Bayerisches Wurzelfleisch

Zutaten

Für den Sud:

½ Liter Geflügelbrühe
1 SL Zucker
Salz
3 SL Rotweinessig
½ Tl Pimentkörner
½ TL Pfefferkörner
½ TL Korianderkörner
1 kleines Lorbeerblatt
2 angedrückte Wachholderbeeren

1 Pfund Schweinefilet
1 SL Öl

Gemüse:

2 gelbe Rüben
1 weiße Zwiebel
100 g Knollensellerie
50 g Lauch
Butter
1 Knoblauchzehe
1 Stück Ingwer

1 TL Senf
2 SL Sahnemeerrettich
40 g Butter
1 Pr. frisch geriebene Muskatnuss
etwas Sahne
etwas frisch geriebener Meerrettich
1 SL Schnittlauch

Zubereitung

Das Gemüse waschen und schälen. Danach die Geflügelbrühe einmal aufkochen, mit Zucker, Salz und Essig süß-sauer würzen, die Gemüse einlegen und auskühlen lassen. Das Schweinefilet in einer Pfanne mit dem Öl bei mittlerer Hitze von allen Seiten kurz anbraten und in den Sud legen. Einen Tag darin gekühlt marinieren.

Das Fleisch aus der Marinade nehmen und die Marinade durch ein Sieb gießen. Das Gemüse abwaschen und alles in feine Streifen schneiden. In einem Topf das Gemüse mit der Butter bei mittlerer Hitze glasig anschwitzen, mit der Marinade auffüllen und aufkochen lassen. Danach das Schweinefilet mit dem Knoblauch und dem Ingwer in den Topf geben und knapp unter dem Siedepunkt 15 bis 20 Minuten durchziehen lassen.

Den Sud abpassieren und mit dem Senf, Sahnemeerrettich, Butter und etwas Sahne aufschäumen. Mit etwas Muskat und evtl. Salz abschmecken.

Das Schweinefilet in 1 cm dicke Scheiben aufschneiden, mit dem Gemüse und etwas Sud in tiefen Tellern anrichten. Zum Schluss frischen Meerrettich darüber hobeln und mit Schnittlauch bestreuen.

Tipp

Beim bayerischen Wurzelfleisch bekommt das fettarme Schweinefilet seinen besonderen Geschmack durch das Einlegen in den speziellen Sud. Zusammen mit dem Gemüse entsteht eine würzige aber vergleichsweise kohlehydratarme Spezialität, die schmeckt, aber nicht dick macht. Also die richtige Speise für die Fastenzeit. Dazu passen sehr gut Bandnudeln oder Doagspotzn.

Beeren "eis" creme

Zutaten

250 g Beeren tiefgefroren
(Himbeeren, Schwarzbeeren, Brombeeren oder was auch immer)
400 ml Sahne
Zucker nach belieben

Zubereitung

Die tiefgefrorenen Beeren in eine Schüssel geben, Zucker je nach belieben drüberstreuen und anschließend die Sahne darüber gießen. Jetzt das ganze pürieren. Im Nu entsteht eine Eiscreme, die sofort serviert werden sollte.

Tipp

Im Sommer eine wunderbare Erfrischung für Zwischendurch.
Eine Nachspeise, wenn es mal schnell gehen soll, man aber auf den Aha- und Mmmmhhhh-Effekt nicht verzichten will.
Gefrorene Beeren im Tiefkühlfach, H-Sahne im Vorratsschrank und man ist für den Nachspeise-Ernstfall gerüstet. Wer zusätzlich seinen Jäger- und Sammlerinstinkt befriedigen will, kann die Beeren im Sommer selber pflücken, dann fällt der Aha-Effekt noch großzügiger aus.

Birnen mit Preiselbeeren

Zutaten

(für 4 Gläser mit je 800 ml Inhalt)
500 g Preiselbeeren
1 Liter Wasser
1 kg Zucker
1 Zimtstange
3 Nelken
10 Williams Christbirnen

Zubereitung

Preiselbeeren waschen, verlesen und trocknen lassen. Mit Wasser und Zucker in einem Topf langsam unter gelegentlichem Rühren zum Kochen bringen, dann die Beeren mit einer Schöpfkelle herausnehmen und beiseite stellen. Gewürze zufügen. Birnen schälen, halbieren und das Kerngehäuse mit einem Kugelstecher herausschneiden. Die Birnen im Preiselbeersud je nach Festigkeit 10 bis 20 Minuten leise köcheln lassen, bis sie weich sind. Birnen und Preiselbeeren in Gläser schichten. Die Gewürze aus dem Sud entfernen und den Sud kochend heiß randvoll auf die Früchte gießen. Gummiring, Glasdeckel und Klammer aufsetzen und einkochen.

Tipp

Die Birnen mit den Preiselbeeren schmecken hervorragend zu Wildgerichten, oder auch als eigenständige Nachspeise. Man kann sie auch gut zu Pfannkuchen servieren, wenn es mal schnell gehen soll. Man sollte immer einen kleinen Vorrat davon im Haus haben. Durch den zimtigen Geschmack eigenen sich die Preiselbeerbirnen auch sehr gut für's Weihnachtsmenü.

Blaukraut

Zutaten

2 kg Blaukraut	6 Nelken
2 SL Pflanzenöl	4 Lorbeerblätter
1 Zwiebel	1 SL Preiselbeeren (gehäuft)
2 saure Äpfel	1 Schlag süße Sahne
1 SL Salz	1 Schlag saure Sahne
1 SL Zucker	1 Schuss Obstsaft
Pfeffer nach Geschmack	(Apfel, ggf. auch einen anderen)
1 TL Ingwer	2 SL milden Weinessig
	½ Liter kräftige Gemüsebrühe

Zubereitung

Die Zwiebel klein würfeln und mit dem Öl in einem großen Topf anschwitzen. Mit dem Essig ablöschen. Das gehobelte und geknetete Blaukraut dazugeben und ungefähr 10 Minuten mitdünsten. Die Äpfel klein würfeln und dazu geben. Den Ingwer klein hacken und dazugeben, ebenfalls die Nelken und die Lorbeerblätter. Mit der Brühe aufgießen und weitere 15 Minuten köcheln. Immer gut umrühren. Es muss immer genug Flüssigkeit am Blaukraut sein. Wenn sich die Gemüsebrühe eingekocht hat, einen Schuss Obstsaft dazugeben, die Preiselbeeren einrühren, danach salzen und pfeffern. Aufpassen: das Blaukraut sollte nicht zu weich gekocht werden. Es muss noch Biss haben.
Mit einem Schlag süßen und sauren Rahm abschmecken. Zu einem Entenbraten, einem Ganserl oder einem Rehragout schmeckt es köstlich.

Tipp

In größeren Mengen zubereitet schmeckt es noch besser. Man kann es auch gut aufwärmen. Und schließlich darf es nicht zu lange gekocht werden, sonst wird es lätschert. Es sollte noch Biss haben.

Geschichte

Blaukraut heißt nördlich des Mains Rotkohl. In der Tat hat das Blaukraut im Norden eine etwas rötlichere Farbe, was am Boden liegt. Je saurer die Böden sind, desto röter ist Blaukraut. In Bayern schimmert es eher bläulich und heißt demnach folgerichtig auch Blaukraut

Blutreinigender Frühlingstee

Zutaten
150 g Brennesselblätter
150 g Löwenzahnblätter
100 g Pfefferminzblätter

Zubereitung
Die Zutaten gut durchmischen. 3 SL der Mischung mit einem Liter siedendem Wasser übergießen und nach 10 Minuten abseihen.

Den Tee sollte man mindestens über einen Zeitraum von 20 bis 25 Tagen trinken. Beim Genuss von 2 bis 3 Tassen täglich ist mit einer Verbesserung des Stoffwechsels zu rechnen.

Tipp
Das ideale Begleitgetränk für die Fastenzeit und eine gute Kombination zur entschlackenden Weißkrautsuppe.

Anwendung
Brennesselblätter: Abstillung, Abzess, Akne, Arteriosklerose, Arthritis, Blutreinigung, Darmträgheit, Ekzem, Entwässerung, Fettsucht, Flechte, Frühjahrsmüdigkeit, Furunkel, Gelenkentzündung/Schmerzen, Gicht, Haarausfall, Eisenmangel, Harnröhrenentzündung, Harnwegsentzündung, Kreuzschmerzen, Leberbeschwerden, Menstruation (fördernd), Nierenbeschwerden, Nierenentzündung, Rheuma, schmerzhafte Harnentleerung, schleimlösend, Schwitzen, stoffwechselfördernd.

Löwenzahlblätter: Altersbeschwerden, Blutreinigung, Darmträgheit, Entwässerung, Fettsucht, Flechte, Frühjahrsmüdigkeit, Gallenbeschwerden, Gallensteine, Gelenkentzündung/Schmerzen, Gicht, harntreibend, Leberbeschwerden, Nierenleiden, Rheuma, stoffwechselfördernd.

Pfefferminzblätter: Brechreiz, Durchfall, Fieber, geburtserleichternd, gedächtnisstärkend, Kopfschmerzen, Magenbeschwerden, nervenstärkend, Rachenkatarrh, Stirnhöhlenkatarrh, Verbrennungen.

Bohnengemüse

Zutaten

300 g große weiße Limabohnen aus der Dose
300 g Kidneybohnen aus der Dose
200 g breite Bohnen
Salz
200 ml Gemüsebrühe
1 Scheibe Ingwer
1 Scheibe Knoblauch
1 Streifen Zitronenschale
20 g Butter
Pfeffer
1 SL frisch gehackter Dill

Zubereitung

Die Bohnen in einem Sieb unter fließend kaltem Wasser abbrausen und abtropfen lassen. Die breiten Bohnen in 1 bis 2 cm lange Stücke schneiden, kurz in kochendes Salzwasser geben, herausheben, mit kaltem Wasser abschrecken und in einem Sieb abtropfen lassen.

Die Brühe in einem kleinen Topf mit allen Bohnensorten, Knoblauch, Ingwer und Zitronenschale erhitzen. Das Stück Butter dazu geben und schmelzen lassen. Mit Salz und Pfeffer würzen und den frisch gehackten Dill hinzufügen.

Tipp

Passt sehr gut zu meinem geschmorten Lamm. Eignet sich aber auch zu einem schönen Steak oder auch zu anderen Fleischgerichten.

Braune Butter

Zutaten
Butter in gewünschter Menge

Zubereitung
Butter in einem kleinen Topf bei mittlerer Hitze langsam erwärmen, bis sie goldbraun ist und ein nussiges Aroma hat. Die Butter wird deshalb auch Nussbutter genannt. Anschließend durch ein mit Küchenpapier ausgelegtes Sieb gießen. Zugedeckt hält sich die braune Butter im Kühlschrank für mehrere Wochen.

Tipp
Die Butter sollte man am Schluss an ein Gericht geben, sozusagen als Gewürz zum Abschmecken.
Sie wird auch das bayerische Olivenöl genannt.

Brotsuppe

Zutaten
Altes Brot
Ei
Zwiebel
Knoblauch
Butter
Salz und Pfeffer
Suppengewürz oder Suppenbrühe aus Gemüse

Zubereitung
Eine Suppenbrühe kochen. Das Brot entweder in dünne Scheiben oder in kleine Stücke schneiden, danach in die Brühe geben. Klein gehackten Knoblauch dazu geben und anschließend salzen und pfeffern. Eier (je nach Suppenmenge) verquirlen und die Suppe damit legieren. Das Ei sollte dabei nicht gerinnen. Zwiebeln (je nach Geschmack) klein hacken, in Butter goldgelb anrösten und in die Suppe geben.

Tipp
Mit einer Brotsuppe kann man auf einfache Weise altes Brot verwerten und schmecken tut sie auch noch.

Geschichte
Das Traditionsessen auf der „Fronberger Noukirwa"!
Ein typisches oberpfälzer Gericht - einfach, aber guat!

Couscous

Zutaten
3 Schalotten
1 SL Olivenöl
200 ml Brühe (ggf. mehr)
100 g Couscous
1 SL Butter
1 TL Harissa

Zubereitung
Die Schalotten in feine Würfel schneiden und in einem Topf mit dem Olivenöl
anschwitzen. Mit Brühe aufgießen und den Couscous einrühren. Danach die
Hitze zurückschalten, Deckel auf den Topf und quellen lassen. Zum Schluss mit
Butter und Harissa abrunden.

Tipp
Sehr gute Beilage zu verschiedenen Eintöpfen, Fleischgerichten oder beim
Grillen.

Geschichte
Couscous gehört seit meiner Tunesienzeit zum festen Bestandteil meiner Küche.
In meinem Haus in La Marsa war Couscous immer vorrätig, und das ist bis heute
so geblieben.
In Nordafrika ist Couscous die Hauptbeilage zu Eintöpfen, Lammspießen,
Hähnchen usw.

Couscouseintopf

Zutaten

100 g Kichererbsen
Gockerlhaxen und Gockerlfleisch
(es kann aber auch Rind- oder Lamm-Fleisch verwendet werden)
5 SL Olivenöl
Suppenbrühe
½ Stange Lauch
Zwiebel
Knoblauch
Erdäpfel
Gelbe Rüben
Zucchini
Kürbis
Weißkrautkopf in Stücke geschnitten
Harissa
2 SL Tomatenmark
2 Tomaten
2 TL gemahlener Kreuzkümmel
Zimtstange
Safran
½ TL Paprika
½ TL Zimt
Salz und Pfeffer
1 Pfund Couscous
100 g Butter
1 Bund Petersilie gehackt
1 Bad Korianderblätter gehackt

Anstatt der verschiedenen Gewürze kann man auch eine Gewürzmischung verwenden.

Zubereitung

Die Kichererbsen etwa 12 Stunden in reichlich Wasser einweichen. Dann in ein Sieb abgießen und abtropfen lassen. Das Fleisch kalt abspülen und trocken tupfen. Das Fleisch in mundgerechte Stücke (außer den Gockerlhaxen) schneiden. Den Lauch putzen, längs aufschneiden, waschen und in Scheiben schneiden. Die Zwiebel schälen und fein hacken. Danach sämtliche Gemüse, die man verwenden will, waschen und in kleine Stücke (je nach Belieben) schneiden

(Erdäpfel und Zwiebel vierteln, kleinere gelbe Rüben kann man ganz lassen, Weißkraut und Kürbis ebenfalls in Stücke schneiden, Zucchini in Scheiben). Das Öl in einem Couscoustopf erhitzen. Die Zwiebel , Lauch und Knoblauch glasig dünsten, danach die Fleischstücke in dem Öl bei mittlerer Hitze in etwa 4 Minuten goldbraun braten. Die Tomaten mit kochendem Wasser überbrühen, häuten, von den Stielansätzen befreien, würfeln und das Tomatenmark dazugeben. Das Fleisch mit den Tomaten und der Brühe ablöschen. Bei schwacher Hitze etwa 40 Minuten kochen lassen.

Couscous in eine Schüssel geben, mit ¼ L Salzwasser übergießen, durchrühren und etwa 15 Minuten quellen lassen. Den Couscous mit den Händen lockern und in den Topfaufsatz geben. Den Aufsatz über den Eintopf hängen. Jetzt das Gemüse, auch die Kichererbsen, dazugeben und gegebenenfalls noch etwas Brühe dazu gießen. Das Ganze soll knapp bedeckt sein. Zuletzt noch die Gewürze und Harissa dazu geben und das Ganze vorsichtig umrühren. Das Gericht bei schwacher Hitze in etwa 45 Minuten fertig garen. Den Aufsatz mit dem Couscous abnehmen, die Butter in kleinen Stücken auf dem Couscous verteilen und mit 2 Gabeln auflockern.

Für die scharfe Sauce zwei Tassen Brühe aus dem Eintopf nehmen und in eine kleine Schüssel füllen. Die Brühe mit Harissa, Tomatenmark und Kreuzkümmel verrühren.

Das Couscous wird traditionell in der Mitte einer großen Platte zu einer Pyramide geformt und das Fleisch und der Eintopf um die Pyramide herum arrangiert. Die scharfe Sauce wird getrennt dazu gereicht.

Tipp

Couscous wird traditionell mit 7 verschiedenen Gemüsesorten gekocht, die untereinander, je nach Saison variieren können. Couscous heißt eigentlich nur der Hirsegries, der zu dem Eintopf gereicht wird. In Nordafrika versteht man aber unter einem Couscous den Eintopf mit dem dazugehörigen Gries.

Geschichte

Couscous gehört für mich unzertrennlich zu meiner Zeit in Tunesien. In meinem Haus am Meer in La Marsa habe ich es sehr oft für Freunde gekocht - einmal sogar mit Kamelfleisch, nicht unbedingt zur Freude einiger weiblicher Gäste.

Currywurst

Zutaten
Tomatenmark
Indischer Curry
Pfeffer
Scharfe Paprika
Getrocknete Tomaten
Salz
1 Prise Ingwer
1 Prise Zucker
Gemüsebrühe

Zubereitung
Paprika und getrocknete Tomaten klein hacken, in einen Topf geben und mit den restlichen Zutaten gut verrühren und erwärmen. Mit Gemüsebrühe aufgießen, so dass die Sauce noch sämig bleibt. Mit Pürierstab kurz durchpürieren und evtl. noch etwas Gemüsebrühe nachgießen. Nach Möglichkeit eine Nacht ziehen lassen.

Frische Bratwürste anbraten und mit der Sauce anrichten. Noch etwas Currypulver darüber streuen - fertig.

Tipp
Keine vakuumverpackten Würste verwenden! Die Zutaten kann man je nach Geschmack verwenden.
Dazu eine Semmel und ein schönes Bier, z. B. ein frisch gezapftes Kölsch.

Geschichte
In Berlin hatte es (hat es natürlich immer noch) Stil, eine Currywurst bei Kannopke zu essen. Die Currywurst schmeckt aber auch genau so gut in Köln, im Ruhrpott, so wie auch in Bayern. Die Currywurst darf in keiner deutschen Küche fehlen, natürlich auch nicht in meiner.

Doagspotzn
(Teigspatzen)

Zutaten
500 g Mehl
Salz
3-4 Eier
¼ Liter Milch
Großlochiges Sieb

Zubereitung
Zutaten gut vermischen, bis ein dünner Teig entsteht. Der Teig sollte sich durch ein großlochiges Sieb in kochendes Salzwasser einrühren lassen. Nachdem dies geschehen ist, nimmt man die fertig gekochten, obenauf schwimmenden Spotzn mit dem Schaumlöffel heraus, tropft sie gut ab und gibt sie in eine vorgewärmte Schüssel. Nach Belieben kann man sie auch noch in heißem Fett etwas rösten.

Tipp
Die Doagspotzn, die in anderen Teilen der Welt als Spätzle bekannt sind, kann man auch mit Speck und kleingehackten Zwiebel braten. Man kann auch noch geriebenen Käse (z.B. Emmentaler) drunter rühren, dann entstehen daraus Kasspotzn. Wie auch immer, sie schmecken einfach guat.

Geschichte
Die Kasspotzn habe ich schon der Ugandischen Fußballnationalmannschaft serviert. Gebrutzelt in einer großen Pfanne auf offenem Feuer. „Gschmeckt hot's eana", ob sich dadurch ihr Fußballspiel verbessert hat, vermag ich nicht zu sagen. Beim Torwandschießen haben sie allerdings gegen das Team der Deutschen Botschaft verloren.

Eingeweckte Tomaten

Zutaten

1 kg Tomaten
1 Schalotte
2 Knoblauchzehen
2 SL Olivenöl
1 SL Balsamessig
1 TL gehackte Rosmarinnadeln
1 TL Zucker
Salz und Pfeffer

Zubereitung

Tomaten enthäuten und entkernen und grob würfeln. Knoblauch und Schalotten in Würfel schneiden, mit den Tomaten, Rosmarinnadeln, Öl, Essig, Zucker und Gewürzen 10 Minuten bei mittlerer Hitze dünsten. Gläser und Deckel in heißem Wasser ausspülen, klar nachspülen und auf einem sauberen Tuch abtropfen lassen. Gläser mit Tomaten füllen und verschließen. Backofen auf 175 Grad stellen.
Backblech mit Wasser füllen (2-3 cm) und Gläser aufs kalte Blech stellen, anschließend in die unterste Backleiste schieben. Die Einkochzeit beginnt, wenn Tomaten leicht köcheln, dann die Temperatur auf 150 Grad zurückstellen und 30 Minuten einwecken lassen.

Tipp

Eingeweckte Tomaten, oder auch gekaufte in der Dose, sind für mich ein unverzichtbarer Bestandteil meiner Küche. Man kann sie für alle möglichen Eintöpfe, Fleischgerichte, Bratensaucen, Pizzabeläge und natürlich für meine Miesmuscheln in Tomatensauce verwenden.

Erdäpfelsuppe

Zutaten
5 mittlere rohe Erdäpfel
Suppengemüse (siehe Suppengemüse)
Kümmel
1 TL Majoran
Muskatnuss
Salz und Pfeffer
1 Zwiebel
Butter

Zubereitung
Rohe Erdäpfel schälen, vierteln und in Salzwasser geben (Salz je nach Geschmack). Klein geschnittenes Suppengemüse und etwas Kümmel dazu geben. Das Ganze zum kochen bringen und ca. 1 Stunde köcheln lassen. Nach ca. 1 Stunde die Suppe abseihen. Suppenwasser aber nicht wegschütten!
Erdäpfel und Suppengemüse durch den Fleischwolf drehen oder pürieren und danach mit der Suppenbrühe aufgießen und umrühren. Es soll eine sämige Suppe entstehen. Mit Salz, Pfeffer , Majoran, etwas Muskatnuss und evtl. etwas Suppenwürze abschmecken. Zwiebeln klein hacken, mit Butter in einer Pfanne hellgelb rösten und dann in die Suppe einrühren.

Tipp
Nach der Suppe gibt es Apfelstrudel. Ein Oberpfälzer Freitagsklassiker!
Wenn man es etwas edler mag, dann kann man das ganze noch mit geröstetem Speck oder gerösteten Shrimps verfeinern.

Geschichte
Die Oberpfalz trägt auch den Beinamen Kartoffel- oder Erdäpfelpfalz. Die Kartoffel ist fast das einzige, was auf den kargen und steinigen Böden der Oberpfalz wächst. Dafür gibt es nirgendwo auf der Welt mehr Kartoffel-, oder wie man sie in Bayern nennt Erdäpfelgerichte, als in der „Stoapfalz" (Steinpfalz) - ebenfalls ein Beiname der Oberpfalz.
Eines meiner Lieblingserdäpfelgerichte ist die Erdäpfelsuppe.

Fischsuppe

Zutaten

1 Ltr. Fischfonds
4 gelbe Rüben, in kleine Streifen geschnitten
1 große Sellerie, geschält, in kleine Streifen geschnitten
2 kleine Petersielwurzeln, in kleine Streifen geschnitten
2 Stängel einer Staudensellerie, kleingehackt
4 Erdäpfel, gewürfelt
2 SL Mehl
¼ Ltr. sauere Sahne
1 SL Zucker
1 kräftiger Schuss Rotweinessig
Salz und Pfeffer
1 ½ Pfd. Fischfilet in kleine Würfel geschnitten (Lachs, Kabeljau, Forelle,….)
Dill, Frühlingszwiebel

Zubereitung

Den Fischfond in einem großen Topf zum kochen bringen. Danach das Gemüse
zufügen und bei reduzierter Hitze für 5 Minuten köcheln lassen.
Das Mehl und die sauere Sahne in einer kleinen Schüssel verrühren und
anschließend in die Suppe einrühren. Wieder aufkochen lassen. Zucker, Salz und
einen kräftigen Schuss Essig zufügen, anschließend abschmecken. Sie Suppe
sollte einen süßsaueren Geschmack haben. Anschließend den Fisch in Würfel
schneiden, in die Suppe geben und aufkochen lassen. Den Herd zurückschalten
und bei schwacher Hitze 10 Minuten köcheln lassen, bis der Fisch gar ist. Zum
Schluss wird der Dill kleingehackt, um der Suppe den letzten Schliff zu geben.
Die Suppe in Suppentassen oder Teller füllen und mit feingeschnittenen Ringen
von Frühlingszwiebel garnieren.

Tipp

Dazu Baguette oder ein dunkles Bauernbrot.
Zusätzlich Eidotter und Sauerrahm in einer kleinen Schüssel verrühren. Das
Ganze langsam in die Suppe einlaufen lassen und verrühren.

Geschichte

Unsere traditionelle Vorspeise, wenn wir in Finnland Gäste hatten.
Schmeckt im Sommer sowie im Winter.

Flußkrebse mit Gockerl in Weißwein

Zutaten

1 Gockerl oder Gockerlteile
16 gekochte Flusskrebse mit Schale
500 g Tomaten
3 Schalotten
400 g gelbe Rüben
3 Knoblauchzehen
Olivenöl
Salz und Pfeffer
1 Kräuterbündel (Petersilie, Thymian, Estragon und 2 Lorbeerblätter)
¼ Ltr. trockener Weißwein
400 ml Geflügel- oder Gemüsebrühe
1 Stamperl Wodka
½ Bund Petersilie
20 g Butter
3 Stiele Estragon
20 g Mehl
150 ml saure Sahne

Zubereitung

Die Tomaten häuten und würfeln, ebenfalls die gelben Rüben. Schalotten und Knoblauchzehen fein würfeln. Das Gockerl waschen, trocken tupfen, zerteilen und etwas salzen. Olivenöl in einer Rein erhitzen und die Hähnchenteile anbraten. Ab und zu wenden. Die Stücke aus der Rein nehmen und warm stellen.

Gelbe Rüben, Schalotten, Knoblauch und Flusskrebse im Bratfett anbraten. Mit Salz und Pfeffer würzen, Wodka darüber gießen und flambieren. Tomaten, Kräuterbündel, Weißwein und Brühe zufügen und 5 Minuten schmoren lassen. Die Krebse herausnehmen und die Gockerlteile wieder zufügen. Bei 200° im Ofen für ca. 40 Minuten schmoren lassen.

Inzwischen Petersilie und Estragon abspülen, trocken schütteln und grob hacken. Butter, Mehl und Kräuter verkneten um später damit die Sauce zu binden.

Nach ca. 20 Minuten, die Krebse wieder dazugeben (sm besten die Krebse in die Sauce legen und die Hähnchenteile darauf legen).

Nach 40 Minuten die Krebse und Gockerlteile auf einer Platte anrichten. Die saure Sahne und den Butter-Mehl-Klumpen in die Sauce einrühren und das Ganze noch mal aufkochen lassen. Mit Salz und Pfeffer abschmecken und die Sauce extra in einer Schüssel servieren.

Tipp

Dazu serviert man am besten ein Baguette oder ein anderes Weißbrot und einen schönen kalten Weißwein, oder ein frisches Weißbier.
Die Flusskrebse brauchen nicht lebendig zu sein. Leider findet man Flusskrebse in unseren Gewässern eher selten, da sie sehr sauberes Wasser brauchen.
Außerdem stehen sie unter Naturschutz.
Man kann daher auch die eingefrorene Variante nehmen, die es meist in 3 verschiedenen Flusskrebsgrößen gibt. Ich nehme immer die mittlere Größe.
Wenn man nicht weiß, wo man diese bekommt, dann empfiehlt sich ein Besuch in einem Möbelhaus mit Namen IKEA.

Geschichte

Am 21. Juli, zum Auftakt der Krebssaison, isst man in Finnland traditionell Flusskrebse. In Finnland werden die Krebse in einem Kräutersud gekocht und man trinkt dazu pro Krebs einen Wodka. D.h. viel fieseln, wenig Fleisch und vor allem vieeeeel Wodka. Deshalb habe ich mir diese Variante ausgedacht, die auch den Kindern schmeckt. Wenig Wodka, sprich nur ein Stamperl, und zum satt werden das Gockerl. Von den Flusskrebsen würde nämlich niemand satt werden, oder er müsste sich zu Tode fieseln. Bei uns zu Hause heißen die Krebse allerdings „Knacker" (eine Erfindung von Laura), wahrscheinlich weil es knackt, wenn man die Schale aufbricht.

Garnelen-Hähnchenspieße

Zutaten

1 Knoblauchzehe
1 kleine rote Chilischote
½ Bund Koriander
½ Bund Petersilie
Garnelen
2 Hähnchenbrüste

1 SL Olivenöl
2 SL Sesam
1 SL Honig
Salz
Pfeffer
Schaschlikspieße

Zubereitung

Die Knoblauchzehe und die Chilischote kleinschneiden. Koriander und Petersilie kleinhacken. Anschließend alles zusammen mit Olivenöl, Sesam und Honig zu einer Paste verrühren.
Die Hähnchenbrüste in Würfel schneiden, mit den Garnelen auf Schaschlikspießen aufspießen, salzen und pfeffern.
Die Spieße mit der Paste einstreichen und kurz ruhen lassen. Anschließend auf einen nicht allzu heißen Grill legen. Zwischendurch immer wieder mit der restlichen Grillmarinade einpinseln.

Tipp

Anstelle des beim Grillen üblichen Kartoffel- oder Nudelsalat (für mich das fürchterlichste, was man der Nudel antun kann…), kann man dazu ein Couscous und Limonenjoghurt reichen.

Geschichte

Ein bisschen Afrika muss sein…
Die Verwendung von Koriander beim Kochen habe ich in Nordafrika gelernt. Er ist anfangs etwas gewöhnungsbedürftig, wenn man aber auf den Geschmack gekommen ist, kann man ihn sehr häufig in der Küche einsetzen. Aber Vorsicht, rein Optisch kann man ihn leicht mit der Petersilie verwechseln. Wenn man diese verwenden will, statt dessen aber Koriander erwischt, kann dies zu einer herben Enttäuschung führen. Das ist mir beim Fisch grillen passiert. Ich wollte die Fische mit Senf und Petersilie marinieren, habe aber versehentlich Koriander verwendet. Die Begeisterung hielt sich in Grenzen…

Gemüsefondue

Zutaten

Stangensellerie
1 große Zwiebel
Fenchel
rote und gelbe Paprikaschote
Chicorée
Kopfsalatherzen
Gurke
gelbe Rüben

Für die Sauce:

12 Sardellenfilets in Öl
4-6 Knoblauchzehen
200 ml Olivenöl
Pfeffer

Zubereitung

Die Sardellenfilets abtropfen lassen, das Öl aufbewahren. Filets etwa 30 Minuten wässern.

Alles Gemüse kalt abbrausen, abtropfen lassen und in mundgerechte Stücke schneiden. Gemüse auf einer Platte anrichten. Beim Gemüse kann man natürlich variieren, je nach Saison und nach dem, was man zu Hause hat.

Knoblauchzehen mit der Schale etwa 5 Minuten kochen, schälen und mit einer Gabel zerdrücken. In einer Kasserole ins Wasserbad stellen. Sardellenfilets dazugeben und etwa 20 Minuten im Wasserbad bei geringer Hitze garen. Pfeffern und anschließend das Olivenöl dazugeben. Alles gut mischen, dabei die Sardellenfilets mit einer Gabel zerdrücken. Diese Sauce warm in einem Minifondue zur Rohkostplatte servieren.

Tipp

Ein hervorragender Appetitanreger im Sommer vor dem Grillen.
Oder am Abend auf der Terrasse zum Bier oder einem Glaserl Wein. Natürlich kann man ein Gemüsefondue auch im Winter essen - ein ganz besonderer Vitaminschub.

Geschichte

Eine beliebte Vorspeise bei uns im Hause, während unserer Tunesienzeit. Das haben wir im „Boef sur le Toit" entdeckt, einem abgefahrenen Restaurant in Gammarth, einem Vorort von Tunis.

Geschmorte Lammkeule

Zutaten

2 Zwiebeln
150 g Knollensellerie
2 gelbe Rüben
½ Fenchelknolle
1 Lammkeule (evtl. auch Lammhaxen)
Salz
4 SL Olivenöl
1 – 2 TL Puderzucker

300 ml Rotwein
1 SL Tomatenmark
1 Liter Geflügelbrühe
1 frisches Lorbeerblatt
je 2 Scheiben Knoblauch und Ingwer
1 Zweig Rosmarin
1 Streifen Zitronenschale
1 Prise Cayennepfeffer

Zubereitung

Das Gemüse waschen, schälen und klein schneiden (je nach Belieben in die gewünschte Form). Die Lammkeule salzen. 2 SL Olivenöl in einem Schmortopf oder Bräter erhitzen und die Lammkeule darin von allen Seite anbraten. Das Fleisch herausnehmen und das Bratöl entfernen.

Den Puderzucker auf den Bratsatz stäuben und bei milder Hitze hell karamellisieren lassen. Mit 1/3 des Rotweins ablöschen, das Tomatenmark einrühren und alles bei milder Hitze sämig einkochen lassen. Den übrigen Rotwein auf 2 weitere Male zufügen und ebenfalls einkochen lassen. Die Brühe dazugießen, das Gemüse hinzufügen, die Lammkeule wieder einlegen und im Ofen zugedeckt in etwa 3 ½ Stunden bei 160° gar schmoren – dabei das Fleisch immer wieder mit Bratensaft übergießen.

Das Lamm aus dem Topf nehmen. Die Sauce noch etwas einkochen lassen und gegebenenfalls mit ein wenig in kaltem Wasser angerührter Speisestärke binden. Lorbeer, Knoblauch, Ingwer, Rosmarin und Zitronenschale einige Minuten darin ziehen lassen und wieder entfernen. Mit Salz und Cayennepfeffer abschmecken.

Tipp

Dazu passt ein Bohnengemüse, Bauchstechala oder einfach nur ein Baguette. Zum Trinken ein kräftiger Rotwein, oder ein dunkles Bier.

Geschichte

Mein traditionelles Ostergericht.

Glühwein

Zutaten
¼ Liter Wasser
3-4 SL Honig
1 Zimtstange
6 Nelken
1 Sternanis
Kardamon (Samen oder gemahlen)
1 Flasche guten Rotwein
1 Orange in Scheiben geschnitten

Zubereitung
In einem kleinen Topf Wasser, Honig, Zimt, Nelken und Kardamon zum Kochen bringen. Wenn das Wasser kocht, bei mittlerer Hitze für 5 Minuten weiter köcheln lassen.
Die Hälfte des Sirups durch ein Sieb in einen größeren Topf füllen. Die Gewürze sollten dabei nicht in den größeren Topf gelangen. Jetzt den Rotwein zugeben. Der Wein muss kein sündhaft teurer Spitzenwein sein, jedoch sollte man auch keinen „Plempel" verwenden. Auch für Glühwein sollte ein guter „Tropfen" verwendet werden. Das Ganze nun stark erhitzen, aber nicht kochen, und anschließend abschmecken. Vorsicht, Zunge nicht verbrennen! Jetzt kann bei Bedarf der restliche Sirup zugefügt werden, solange bis der Glühwein die gewünschte Süße erreicht hat. Anschließend noch die Orangenscheiben in den Topf geben, abwarten, bis der Glühwein Trinktemperatur erreicht hat, umrühren und dann „Prost".

Geschichte
Der Glühwein ist ein „Überbleibsel" aus dem Mittelalter. In Bayern wurde im Mittelalter sehr viel Wein angebaut. Die damaligen Winzer brachten allerdings noch keine so edlen Tropfen hervor, wie es heute üblich ist, und der Wein war meistens so sauer, dass es einem das Hemd in den A.... zog. Daher wurde der Wein mit diversen Gewürzen „veredelt". Weil die Gewürze aus dem Orient damals sehr teuer waren, war diese Veredelung natürlich nur den Reichen vorbehalten. Die „normalen" Leute, so sie sich überhaupt Wein leisten konnten, tranken den Wein in seinem Urzustand und verzogen das Gesicht. Dieser Glühwein hat so manche dunkle finnische Winternacht etwas heller und wärmer gemacht.

Gockerl mit Pilzen und Garnelen

Zutaten

1 Gockerl, zerteilt
Garnelen
Mehl
Olivenöl
Salz und Pfeffer
500 g Eiertomaten
2 Knoblauchzehen
Basilikumblätter
1 Glas Rotwein
200 g frische Pilze
Saft von einer Zitrone
Petersilie
etwas Sahne

Zubereitung

Das Gockerl waschen und zerteilen, salzen, pfeffern und in Mehl wenden.
Olivenöl in einer Pfanne (am besten ist ein Wok geeignet) erhitzen und die
Gockerlteile bei schwacher Hitze anbraten. Ab und zu wenden. Die Stücke aus
der Pfanne nehmen und warm stellen.
Die Tomaten häuten, würfeln und zusammen mit dem Knoblauch und Basilikum
in die Pfanne geben und ebenfalls anbraten. Mit einem Glas Rotwein ablöschen
und etwa 15 Minuten bei schwacher Hitze zugedeckt schmoren.
Die Gockerlteile wieder in die Pfanne geben und weitere 20 Minuten bei
schwacher Hitze schmoren. Die Pilze in Scheiben schneiden und nach 5 Minuten
zugeben, nach weiteren 5 Minuten die Garnelen.
Das Ganze mit dem Zitronensaft beträufeln, etwas Sahne untermischen, mit
Petersilie bestreuen und mit Salz und Pfeffer würzen.

Tipp

Dazu passt am Besten ein Baguette und ein Glas Rotwein, oder ein gepflegtes
Bier.
Man kann das Gericht auch mit Nudeln servieren.

Griesnockerln

Zutaten
1 Beutel Nockerlgrieß (oder 250 g Hartweizengrieß)
1 Ei
50 g Butter
Salz
1 Prise Muskatnuss

Zubereitung
Butter schaumig rühren. Ei und Grieß dazugeben. Den Teig gut verrühren. Mit Salz und Muskatnuss abschmecken. Mit einem Löffel Nockerln abstechen, in kochendes Salzwasser einlegen und ca. 20 bis 30 Minuten leicht köcheln lassen.

Tipp
Ab und zu ins kochende Wasser etwas kaltes Wasser geben und dann wieder zum kochen bringen. Die Nockerln gehen dann sehr schön auf.

Griesnockerln schmecken mir besonders gut, wenn der Kern noch roh ist. Am besten serviert man sie in einer Fleischbrühe.

Geschichte
Zu einem bayerischen Festtagsessen gehört für mich unbedingt vorher eine Griesnockerlsuppe.
Die kleine Laura hat einmal beim Blick in den Suppentopf gerufen: „Oh, turtles" (Schildkröten). Deshalb nennen wir die Suppe auch Turtle-Suppe. Eine Schildkrötensuppe, die auch der Umweltschützer beruhigt essen kann. Gries steht schließlich noch nicht unter Naturschutz.

Grillmarinade

Zutaten
Olivenöl
Senf
Thymian
Rosmarin
Salbei
Oregano
eventuell noch andere Kräuter (je nach dem, was im Kräutergarten wächst)

Zubereitung
Kräuter je nach Vorrat und Geschmack klein hacken und mit Senf und Olivenöl gut durchmischen. Danach das Grillfleisch mit einem Pinsel einstreichen. Das marinierte Grillfleisch in einen Gefrierbeutel geben und im Kühlschrank ruhen lassen.

Das Fleisch am besten schon am Tag vorher marinieren, damit es gut durchziehen kann.

Tipp
Die Kräutermarinade wertet das Grillfleisch nicht nur geschmacklich auf. Es macht das Fleisch auch bekömmlicher, und man weiß was drin ist. Wenn ich an das Grillfleisch denke, dass es bereits fertig mariniert im Supermarkt gibt - wenig Kräuter, dafür viel Chemie. Also lieber ein bisschen Zeit nehmen und das Fleisch selber einlegen.

Geschichte
Wo immer ich im Ausland gelebt habe, wurde zuerst ein Kräutergarten angelegt. Ich verwende zum Kochen fast immer Kräuter, je nach dem, was gerade wächst und wozu ich Lust habe. Es würde den Rahmen meines Kochbuchs sprengen, wenn ich noch über die wohltuende Wirkung der Kräuter auf unseren Körper schreiben würde. Dazu bedarf es eines eigenen Kochbuchs.

Eine kleine Bibliothek und ein kleines Kräutergärtlein sollte jeder Mensch besitzen.

Haustorte

Zutaten	Für die Creme:
Biskuitteig	125 g Butter
4 Eier, getrennt	125 g Margarine
4 SL warmes Wasser	1 Päckchen Vanillezucker
175 g Zucker	1 Päckchen Sahnesteif
75 g Mehl	1 Ei
75 g Stärkemehl	¼ Liter kaltes Wasser
1 Messerspitze Backpulver	Blockschokolade, zartbitter
Salz	(oder auch Vollmilchschokolade)
	Rum

Zubereitung

Biskuitteig: Das Eigelb mit lauwarmen Wasser, Zucker und einer Prise Salz schaumig rühren. Mehl, Stärkemehl und Backpulver mischen und nach und nach unter die Masse geben. Das Eiweiß steif schlagen und vorsichtig unter den Teig heben. Den Teig in eine Springform füllen und bei ca. 190°C sofort backen. Die Backzeit richtet sich nach der Dicke des Teiges. Danach in 2-3 Scheiben (Böden) schneiden und die Böden mit der Creme bestreichen, anschließend auch außen herum Creme auftragen.

Creme: Butter und Margarine schaumig rühren, Vanillezucker dazu geben. Danach Sahnesteif, Ei und kaltes Wasser (Ei und kaltes Wasser zusammen ¼ Ltr.) dazu geben und alles schaumig rühren. Eine halbe Tafel Blockschokolade schmelzen, etwas abkühlen lassen und unter die Masse rühren.

Tipp

Biskuitteig kann auch in einer Osterlammform gebacken werden und man kann daraus eine Osterlammtorte machen.

Geschichte

Ein Rezept von der Mama und seit Menschengedenken die ultimative Torte, wenn im Hause Rathey etwas gefeiert wird. Für mich ist ein Fest ohne diese Torte undenkbar.

Honig- und senfmarinierter Lachs mit Kartoffel und Apfel in Rosmarin

Zutaten

1 Pfd. Lachs mit Haut in Scheiben oder filetiert
2 SL Olivenöl
1 SL Honig
2 SL mittelscharfer Senf
1 kleingehackte Knoblauchzehe
1 SL frischer Zitronensaft
1 TL Chilipulver
Salz und Pfeffer

4 süße Äpfel
(z.B. Golden Delicious)
Erdäpfel, je nach Größe, für 4 Pers.
Rosmarin (frisch oder getrocknet)
frische Minzblätter zum Dekorieren

Zubereitung

Als erstes die Erdäpfel kochen. Den Fisch unter kaltem Wasser abwaschen und anschließend trocken tupfen. In einer Schüssel das Olivenöl, Honig, Senf, Knoblauch, Zitronensaft und Chili gut durchmischen. Die Lachsscheiben in der Marinade wenden und in eine Bratrein legen. Danach den Fisch mit der restlichen Marinade bedecken. Anschließend das Ganze abdecken und bei Raumtemperatur für mindestens 30 Minuten marinieren. Noch besser wäre es, den Fisch für 3 Stunden im Kühlschrank zu marinieren.
Den Backofen auf 220°C vorheizen. Anschließend den Fisch in den vorgeheizten Backofen schieben und für 12 Minuten backen, bis man das Fleisch leicht mit der Gabel teilen kann. Eine Prise Salz und etwas frisch gemahlenen Pfeffer darüber.
In der Zwischenzeit die Äpfel und die gekochten Erdäpfel in Spalten schneiden. Butter in einem Topf bei mittlerer Hitze zerlaufen lassen und dann die Apfel- und Erdäpfelspalten und den Rosmarin hineingeben. Das Ganze bei mittlerer Hitze für 5 Minuten anbraten. Evtl. die Erdäpfel etwas früher in den Topf geben, damit sie schön resch werden.
Den Fisch mit den gebratenen Erdäpfeln und Äpfeln auf einer Platte anrichten, die Sauce darüber und mit Pfefferminzblättern garnieren.

Tipp
Anstatt von Lachs kann man auch eine einheimische Forelle nehmen.

Geschichte
In Finnland gab es immer und überall Lachs und das zu erschwinglichen Preisen. Logisch, dass es daher dieses Gericht bei uns öfters gab. Schmeckt übrigens im Winter, wie auch im Sommer unterm Apfelbaum.

Käsefondue

Zutaten
2 Knoblauchzehen
¾ L trockener Weißwein
900 g Käse (z.B. Gruyère, Emmentaler, junger Bergkäse zu gleichen Teilen)
2 TL Speisestärke
3 SL Kirschwasser
Pfeffer
Muskatnuss
Chilipulver

Weißbrot

Zubereitung
Die Knoblauchzehe schälen, in den Fonduetopf geben und mit Wein auffüllen. Aufkochen, dabei den Knoblauch mit der Gabel zerquetschen, damit das Aroma besser austreten kann, die Knoblauchzehen sich jedoch bequem aus dem Topf fischen lassen, bevor der Käse eingerührt wird.

Den Käse grob reiben oder würfeln und in den leise siedenden Wein geben. Bei kleiner Hitze schmelzen, dabei rühren und aufpassen, dass die Käsemasse nicht zu heiß wird (sonst trennen sich Eiweiß und Fettbestandteile – das leichtere Fett setzt sich an der Oberfläche ab und lässt sich nicht wieder vermischen – die Käsemasse wäre unrettbar ruiniert).

Sobald der Käse eine homogene Creme zu bilden beginnt, die Stärke mit dem Kirschwasser verquirlen – es dürfen keine Klümpchen entstehen – und in die Masse rühren. Jetzt so lange sanft köcheln und immer wieder rühren, bis die Creme glatt geworden ist. Mit Pfeffer, Muskat und Chilipulver würzen.

Weißbrot zum Tunken in Würfel schneiden.

Tipp
Schmeckt vor allem im Winter, nach dem Wintersport. Obwohl Käsefondue aus der Schweiz kommt, denke ich dabei an lange finnische Winternächte. Nach dem Skifahren, einer ausgiebigen Sauna, einem offenen Kamin und mit einigen Schnäpsen verdünnt - ein herrliches Wintererlebnis.

Kalte Tomatensuppe

Zutaten

800 g reife Tomaten	½ Liter Wasser
1 große Zwiebel	2 SL Olivenöl
2 Knoblauchzehen	2 SL Weinessig
1 rote Paprikaschote	zerstoßenes Eis
1 kleine Gurke	geröstete Brotwürfel
Salz und Pfeffer	

Zubereitung

Diese Suppe, die sehr kalt serviert werden sollte, mindestens 4 Stunden im Voraus zubereiten.

Die Tomaten kurz in kochendes Wasser tauchen und enthäuten. Zwiebel und Knoblauch schälen. Die Paprikaschote unter fließendem kalten Wasser abspülen und von den Kernen befreien. Die Gurke schälen, der Länge nach halbieren und die Samenkerne entfernen.

Die Gemüse nun in kleine Stücke schneiden und in eine Schüssel geben. Mit Salz und Pfeffer würzen und das kalte Wasser hinzufügen. Das Ganze im Mixer pürieren und Öl und Essig dazugeben. Die Masse in eine Suppenterrine füllen und 3 bis 4 Stunden in den Kühlschrank stellen.

Kurz vor dem Servieren das Eis (etwa 10 Eiswürfel) zerstoßen und in die Suppe geben.

Brotschreiben würfeln und in einer Pfanne mit Olivenöl bräunen. Die Brotwürfel werden als Beilage zur Suppe gereicht. Ebenfalls als Beilage sollten noch klein gewürfelte Zwiebel, Paprika und Gurke gereicht werden. Damit kann jeder nach Belieben seine individuelle Suppe zusammenstellen.

Tipp

Bestens geeignet als Vorspeise für einen Grillabend, oder einfach mal an einem heißen Sommertag als Hauptspeise - es gibt „fast" nichts besseres. Das sich jeder seine Suppe noch individuell zusammenstellen kann, kommt immer bestens an.

Geschichte

Eine Köstlichkeit an heißen Sommertagen. Mama Jane hat sie mindestens einmal in der Woche in Kampala auf unserer Terrasse serviert.

Kaspressknödel

Zutaten
4 altbackene Semmeln oder 200 g Knödelbrot
2 Eier
1/8 Liter Milch
100 g Tilsiter
100 g Graukäse
Salz
Pfeffer
1 Zwiebel
1 TL Butter
Muskatnuss
1 TL Mehl
Butterschmalz zum Braten

Zubereitung
Die Semmeln in Würfel schneiden. Eier und Milch mit der Gabel verquirlen.
Beide Käsesorten in sehr kleine Würfel schneiden. Die Zwiebel abziehen und
fein hacken. Danach in Butter andünsten, bis die Zwiebelwürfel glasig sind.

Alle vorbereiteten Zutaten mit einer Prise Muskat, Salz, Pfeffer und dem Mehl
vermischen. Am besten mit den Händen einmal durchkneten, bis der Teig bindet.
Die Masse in der Schüssel leicht zusammendrücken und mindestens 15 Minuten
ruhen lassen.

Aus der Masse kleine Knödel formen und zwischen den Handflächen zu
Pflanzerl zusammenpressen.
In heißes Butterschmalz einlegen und von beiden Seiten knusprig braten.

Tipp
Dazu serviert man einen frischen Salat. Die Kaspressknödel kann man aber auch
sehr gut als Suppeneinlage verwenden.

Kirwagans

Zutaten
eine schöne Bauerngans
½ Sellerie
2 Zwiebel
1 Apfel
1 gelbe Rübe
Salz
Pfeffer
1 TL Tomatenmark
Geflügel- oder Gemüsebrühe
1 Glas Rotwein
Butter

Zubereitung
Die Gans von innen und außen waschen und gut trocknen lassen. Die hinteren großen Fettlappen abschneiden, dann die Gans salzen und pfeffern. Viel Salz und wenig Pfeffer verwenden. ½ Sellerie, ein Apfel und eine Zwiebel klein schneiden und den Bauch der Gans damit befüllen.

Ein Stück von dem herausgeschnittenem Fett in die Rein geben und heiß werden lassen, den Rest des Fetts auf die Gans legen. Danach die Gans ins heiße Fett legen und in der Röhre bei 180 °C mindestens 3 - 3 ½ Stunden braten. Eine Zwiebel und eine gelbe Rübe klein schneiden und mit dazugeben. Etwa ½ bis ¾ Stunde braten lassen, dann immer wieder das ausgebratene Fett abschöpfen. Nach der Hälfte der Bratzeit, die Gans wenden.

Wenn alles Fett abgeschöpft ist, die Zwiebel hellbraun geröstet ist und sich am Boden der Rein ein Bratensatz angesetzt hat, ab und zu mit der Brühe in kleinen Mengen aufgießen. Dazwischen die Gans immer wieder etwas anbraten lassen damit die Sauce schön dunkel wird. Wenn die Gans schön braun und resch ist, aus dem Ofen nehmen, kurz ruhen lassen und dann tranchieren. Für die Sauce den Bratenfonds zunächst mit einem Glas Rotwein ablöschen, dann 1 TL Tomatenmark einrühren. Einen Teil (je nach Belieben) der Füllung in die Sauce einrühren und das Ganze (auch mit der restlichen Zwiebel und der gelben Rübe) passieren. Danach noch ein Stück Butter und etwas Gänseschmalz in der Sauce schmelzen lassen, abschmecken und servieren.

Tipp

Dazu passt ein Blaukraut, ein schöner Reiberknödel und ein Selleriesalat. Das abgeschöpfte Gänsefett aufheben für ein Gänseschmalz. Beim Braten einer Ente kann man übrigens genau so verfahren.

Geschichte

Die Fronberger Kirwa ist mein Leben und ein fester Bestandteil meines Jahreskreislaufs. Wo immer ich auch im Ausland war, bin ich zur Fronberger Kirwa nach Hause gereist. Eine richtige Kirwa ist ohne eine Kirwagans einfach nicht vorstellbar. Natürlich schmeckt die Gans auch an St. Martin als Martinigans und an Weihnachten als Weihnachtsgans!

Krautsalat

Zutaten
½ - 1 Kopf Weißkraut oder auch Blaukraut
Salz
Zucker
Pfeffer
Kümmel
100 g Speck
½ Zwiebel
Essig
etwas Öl

Zubereitung
Das Kraut wird gehobelt und anschließend kurz aufgekocht und abgetropft. Man knetet es mit Salz und ein wenig Zucker, etwas Pfeffer und Kümmel gut durch. Der Speck wird in kleine Würfel geschnitten, ebenfalls die Zwiebel. Beides wird in der Pfanne resch angebraten und anschließend in den Salat gegeben. Zum Schluss noch ein wenig Öl dazu und dann noch mal gut durchmischen.

Tipp
Man kann den Krautsalat auch schon am Vortag (oder ein paar Tage vorher) zubereiten. Ich würde die Zwiebel und den Speck aber trotzdem erst kurz vorher über den Salat geben.
Schmeckt zu fast allem und ist sehr gesund!

Geschichte
Kraut bekommt man fast überall auf der Welt und ein gut gemachter Krautsalat schmeckt auch fast jedem. Man kann ihn zu einem Braten oder beim Grillen, in Afrika oder im hohen Norden, servieren und er ist zudem noch sehr gesund. Kraut enthält viel Vitamin C und schützt vor Skorbut. Das wusste schon James Cook. Er hatte bei seinen Weltumsegelungen immer ausreichend Sauerkraut mit an Bord.

Lebkuchenparfait

Zutaten
1 Ei
3 Eigelb
80 g Zucker
1 TL Lebkuchengewürz
100 g Elisen-Lebkuchen, gewürfelt, ohne Oblate
etwas Rum (ein Gläschen)
100 ml Glühwein
400 ml geschlagene Sahne

Zubereitung
Ei, Eigelbe, Lebkuchengewürz und Zucker über Wasserdampf schlagen, bis eine cremige Masse entsteht und der Zucker aufgelöst ist, danach die Masse kalt schlagen.
Einen Teil der geschlagenen Sahne und die zerbröselten und zuvor in Rum und Glühwein getränkten Elisen-Lebkuchen durchmischen. Die restliche geschlagene Sahne vorsichtig unterheben, anschließend die Ei-Masse hinzufügen.
Das Parfait in eine zuvor mit Klarsichtfolie ausgelegte Form füllen und danach für mindestens 4 Stunden ins Gefrierfach stellen.
Lebkucheneisparfait aus der Form stürzen, in Scheiben schneiden und anrichten. Teller hübsch garnieren mit Puderzucker, Weihnachtsplätzchen, Mandarinensalat und Minze.

Tipp
Dazu passt ein Mandarinensalat.
Eignet sich hervorragend als Nachessen für das Weihnachtsmenü!
Das Parfait schon beizeiten vorbereiten. Ein bis zwei Wochen vor dem Genus –
kein Problem. Zum Fest hin wird´s ja doch meistens a bisserl eng.

Geschichte
Daniels Lieblingsparfait, wenn er uns über Weihnachten in Finnland besucht hat. Eine klassische Winternachspeise, die im Sommer oder in Uganda eher ungeeignet ist...

Limonenjoghurt

Zutaten
2 unbehandelte Limonen
200 g Joghurt
Salz
Pfeffer

Zubereitung
Den Joghurt mit Limonensaft und abgeriebener Limonenschale verrühren und
mit Salz und Pfeffer abschmecken. Wenn man will, kann man den Joghurt noch
schaumig aufmixen.

Tipp
Passt hervorragend als Grillsauce, speziell zu den Garnelen-Hähnchenspießen.
Eine erfrischende Sauce, die man auch als Dipp für verschiedene Gemüse
verwenden kann.

Mandarinensalat

Zutaten
6 Mandarinen
Mandarinensaft
etwas Grand-Marnier

Zubereitung
Mandarinen schälen, in Spalten brechen und dann nochmals halbieren. Leicht mit Grand-Marnier und etwas Mandarinensaft marinieren.

Tipp
Passt zum Lebkucheneisparfait und das wiederum eignet sich hervorragend als Nachessen für das Weihnachtsmenü.

Wenn Kinder mitessen, kann man ja auf den Grand-Manier verzichten, oder man bereitet eine Kinder- und eine Erwachsenenvariante zu.

Maronischaumsuppe

Zutaten

300 g geschälte Maronen
60 g Butter
50 g weiße Zwiebel, fein gehackt
100 ml Weißwein
100 ml weißen Portwein
750 ml Hühnersuppe
300 ml Sahne
Salz und Pfeffer
1 SL Zucker
Zitronensaft nach Geschmack

Zubereitung

Die Maronen im Ofen garen und anschließend klein schneiden. Klein geschnittene Maronen und gehackte Zwiebeln in Butter farbig anschwitzen, mit Weißwein und Portwein ablöschen. Anschließend mit Suppe und Sahne aufgießen und aufkochen.

Suppe mit Salz und Pfeffer, Zitronensaft und Zucker würzen und ca. 20 Minuten lang kacheln, bis die Maronen weich sind. Suppe pürieren, durch ein Sieb passieren, eventuell nachwürzen und mit einem Sahnehäubchen servieren.

Eignet sich hervorragend für ein Weihnachtsmenü!

Tipp

Dazu eine Scheibe Kletzenbrot reichen.

Geschichte

Mit Maronen kann man sehr gut Suppen verfeinern.
Sie schmecken aber am besten, wenn man sie über dem Feuer röstet und mit Salz und Butter verzehrt. Die Maronen vor dem Rösten mit einem Messer einschneiden. Vorsicht, dabei kann man sich leicht verletzen. Eine Köstlichkeit an langen, dunklen Winterabenden.

Miesmuscheln in Tomatensauce

Zutaten
Miesmuscheln, je nach Gästen
Olivenöl
2 Knoblauchzehen, zerdrückt
1 kleine Zwiebel
1 Schoppen Weißwein
1 Dose ganze Tomaten in der Sauce (am besten selbst eingelegt)
1 Lorbeerblatt
Salz und frisch gemahlener Pfeffer

Zubereitung
Die klein gewürfelte Zwiebel und den Knoblauch in einem großen Topf (am besten eignet sich dafür das Knödelhefer) mit dem Olivenöl andünsten. Anschließend mit dem Weißwein ablöschen. Die Tomaten klein schneiden und mit der Tomatensauce in den Topf geben. Danach das Ganze noch mit dem Lorbeerblatt, Salz und Pfeffer abschmecken und fünf Minuten köcheln lassen. Zwischenzeitlich die Muscheln gut abwaschen und danach zu der Sauce in den Topf geben. Die Muscheln nicht länger als fünf Minuten köcheln lassen. Das Ganze in einer Schüssel mit der Sauce anrichten und sofort servieren. Aber Vorsicht: Die Muscheln, die sich nicht geöffnet haben, herausnehmen und wegwerfen.

Tipp
Dazu Baguette (sonst braucht´s dazu nix) und natürlich einen Schoppen Weiß- oder auch Rotwein, oder auch ein frisch gezapftes Pils.

Geschichte
Das Rezept stammt von meinem Onkel Hermann und der hat es von einem durchreisenden Italiener bekommen, als er noch Kellerwirt in Fronberg war. Er musste das Gericht oft für seine Gäste kochen, wer es einmal probiert hat, kann verstehen warum. Eines meiner Lieblingsrezepte, kommt bei uns in den Monaten mit „r" (Muscheln soll man nur in den Monaten essen, die auf „r" enden) regelmäßig auf den Tisch. Ich sage nur: Ein bisschen Süden muss sein.
Als ich mit einem Freund mit 17 nach Südfrankreich getrampt bin, haben wir uns 2 Wochen lang von Muscheln ernährt. Die waren damals das billigste, was es dort zum essen gab und lange nicht so gut wie die Muscheln in der Kellerwirtschaft in Fronberg.

Nussrauten

Zutaten

250 g gemahlene Haselnüsse (nicht zu fein)
250 g Butter
250 g Zucker
375 g Mehl
2 Eier
1 gestrichener Teelöffel Zimt

Für die Glasur:

Puderzucker
Wasser
Rum

Zubereitung

Alle Zutaten schnell zu einem Teig kneten und zugedeckt im Kühlschrank ruhen lassen. Danach den Teig portionsweise ausrollen und Rauten ausrädeln. Nach dem Backen die noch heißen Plätzchen mit Zuckerguss bestreichen.

Tipp

Schmecken nach ein bis zwei Wochen Lagerung in einer Dose noch besser. Also rechtzeitig vor Weihnachten zum Backen anfangen.

Geschichte

Weihnachten ohne Nussrauten – undenkbar. Nichts schmeckt für mich mehr nach Weihnachten, als diese Plätzchen. Wie alt dieses Rezept ist, kann ich nicht sagen. Auf jeden Fall wird es seit Generationen in unserer Familie verwendet und immer wieder weitergegeben. Ich habe es von meiner Mutter bekommen und die wiederum von meiner Oma. Selbst wenn man Gästen einen Teller mit den verschiedensten Plätzchen vorsetzt. Beim Biss in eine Nussraute, kommt fast automatisch der Satz: „Mmmmhhhhhhhhh san dei guat!" (Dialekt kann variieren).

Oberpfälzer Bierbraten

Zutaten

½ Liter dunkles Bier
½ Liter Brühe
Schmalz
2 ½ kg Schweinenacken (mit Knochen)
1 gelbe Rübe
2 Zwiebeln
1 Stange Lauch
1 Knollensellerie

3 Petersilwurzeln mit Grün
2 SL Tomatenmark
Pfefferkörner
2 Lorbeerblätter
2 Zweige Thymian
kalte Butter
Salz und Pfeffer

Zubereitung

Lauch, gelbe Rüben, Sellerie, Zwiebel und Petersilwurzeln (das Grün aufheben) putzen und klein schneiden. Das Fleisch zusammen mit dem Gemüse am Vortag in das Bier einlegen. Notfalls noch eine zweite Flasche öffnen. Sollte etwas übrigbleiben, kann dieses ja vom Koch ordnungsgemäß entsorgt werden.
Den Schweinenacken aus der Marinade nehmen, trocken tupfen und mit Salz und Pfeffer einreiben. Anschließend in einer Rein in heißem Schmalz rundherum anbraten, herausnehmen und beiseite stellen. Gemüse im Bratensatz des Schweinenackens braun rösten. Das Tomatenmark dazubeben. Die Fleischbrühe und das Bier (von der Marinade) aufgießen und aufkochen lassen. Etwas Salz, die Pfefferkörner, die Lorbeerblätter, den Thymian, das Grün der Petersilwurzeln und den Schweinenacken hinein geben. Im vorgeheizten Backofen bei 200 Grad mindestens 90 Minuten garen. Dabei immer wieder mit Flüssigkeit übergießen. Kurz vor Ende der Garzeit den Braten aus der Rein nehmen, die Bratenflüssigkeit durch ein Sieb gießen. Mit Salz und Pfeffer abschmecken und die fast fertige Soße mit ein wenig kalten Butterflöckchen binden. Die Sauce mit einem Teil des Gemüses pürieren, damit sie etwas sämiger wird.

Tipp

Dazu gibt´s Reibaknödel, oder auch Kartoffelsalat und Krautsalat. Den Rest des Gemüses kann man übrigens separat dazu reichen.

Geschichte

Ein Klassiker bei meinen Starkbieranstichen. Ich würde sagen, Schweinebraten in Vollendung!

Oberpfälzer Biersuppe

Zutaten
20 g Butter
4 große Zwiebeln (evtl. auch mehr)
1 Liter Gemüsebrühe
eine halbe Flasche dunkles Oberpfälzer Bier
4 Scheiben dunkles Bauernbrot, dünn geschnitten
100 g geriebner Emmentaler Käse
Salz und Pfeffer

Zubereitung
Zwiebeln in dünne Scheiben schneiden. Butter in einem großen Topf zerlassen und die Zwiebeln glasig dünsten. Mit dem Bier ablöschen (den Rest des Bieres benötigt der Koch für seine weiteren Arbeiten), Gemüsebrühe aufgießen und etwa 15 Minuten köcheln lassen. Mit Salz und Pfeffer und allem , was gefällt, würzen.

Die Brotscheiben schneiden, so dass sie in die Suppentassen passen und mit dem Bier tränken (falls noch was da ist), nicht zu nass! Abtropfen lassen und in Butterschmalz herausbacken. Mit dem geriebenen Käse bestreuen. Die Zwiebelsuppe in Suppentassen schöpfen, die Brotscheiben drauflegen und sofort servieren, das das Brot, wenn auch resch rausgebacken, schnell aufweicht. Käse schmilzt, wenn er mit der heißen Suppe in Berührung kommt.

Einfach, aber guat, echt oberpfälzisch eben!

Tipp
Dazu ein gepflegtes dunkles Oberpfälzer Bier.

Geschichte
Die Suppe wird traditionell zu meinem alljährlich stattfindenden Starkbieranstich serviert. Sie kommt aber auch zu anderen Anlässen sehr gut an. Bei dem Wort Biersuppe sind die Gäste zunächst skeptisch, dafür aber um so überraschter, dass eine Biersuppe doch recht gut schmecken kann. Man muss übrigens kein Biertrinker sein, um diese Suppe genießen zu können.

Oberpfälzer Fladenbrot

Zutaten
300 g Weizenvollkornmehl
200 g Roggenvollkornmehl
200 g Gerstenmehl
1 Päckchen Trockenhefe
2 TL gemahlener Koriander
1 Prise Zucker
½ L lauwarmes Wasser
150 g flüssiger, zimmerwarmer Sauerteig
1 SL Salz
100 g Butterschmalz
2 Zwiebeln

Zubereitung
Mehl, Hefe, Koriander und Zucker in einer Schüssel mischen. Wasser, Sauerteig und Salz zugeben. Mit dem Knethaken des Handrührgerätes etwa zehn Minuten rühren, bis der Teig Blasen wirft und sich vom Schüsselrand löst. Zugedeckt bei Zimmertemperatur etwa eine Stunde gehen lassen, bis sich das Teigvolumen verdoppelt hat.
Auf einer bemehlten Arbeitsfläche mit den Händen kräftig durchkneten. In zehn Portionen teilen, jede Portion zu einem fingerdicken Fladen ausrollen. Zwei Backbleche mit etwa einem Drittel des Butterschmalzes fetten. Fladenbrote auf die beiden Bleche legen und zugedeckt weitere 15 Minuten gehen lassen.
Das erste Blech in den kalten Backofen (mittlere Schiene) schieben. Ofen auf 180° schalten. Brote auf dem ersten Blech etwa 30 Minuten, die auf dem zweiten Blech nur etwa 20 Minuten backen. Fertige Brote vom Blech lösen und heiß mit Butterschmalz bestreichen. Zwiebeln hacken. Auf jedem Brot etwa einen gehäuften Teelöffel davon verteilen. Brote übereinanderlegen und in Küchentücher gewickelt auskühlen lassen.

Tipp
Die Brote eignen sich hervorragend zum Füllen, z.B. mit Bratwürsteln, einem Schaschlik, Krabben, oder was auch immer einem einfällt. Man kann sie auch zur Brotzeit servieren mit einem schönen Oberpfälzer G´selchten und Käse oder einfach nur mit Butter .

Orientalisches Gockerl

Zutaten

1 Gockerl, mit Innereien
½ TL Kurkuma
Salz
75 g Langkornreis
50 g Mandeln
1 kleine Zwiebel
5 SL Olivenöl
150 g Lamm- oder Rinderhackfleisch
30 g Pinienkerne
1 TL Paprikapulver
1 TL Kreuzkümmel
½ TL Koriander
¼ TL gemahlene Nelken
Salz und Pfeffer

Zubereitung

Das Gockerl ausnehmen, gründlich waschen und trocken tupfen. Die Innereinen beiseite legen, die werden noch gebraucht. Danach 150 ml Wasser mit dem Kurkuma und ½ TL Salz in einen Topf geben und aufkochen lassen, den Reis dazugeben und zugedeckt bei schwacher Hitze etwa 20 Minuten quellen lassen, bis der Reis weich ist.

In der Zwischenzeit die Mandeln mit kochendem Wasser überbrühen, kalt abschrecken und häuten. Die Zwiebel schälen und fein hacken. Ebenfalls die Innereien fein hacken. 3 SL Olivenöl in einer Pfanne erhitzen und darin das Hackfleisch, die Zwiebel und die Innereien etwa 5 Minuten bei mittlerer Hitze anbraten. Die Pfanne vom Herd nehmen. Danach den Reis, die Mandeln, die Pinienkerne und die Gewürze in der Pfanne mit dem Hackfleisch gut vermischen und die Masse mit Pfeffer und Salz abschmecken.

Die Hackfleisch-Reis Mischung in das Gockerl füllen und die Öffnung mit Zahnstochern schließen. Das Gockerl außen noch salzen und pfeffern und mit den vorhandenen Gewürzen, je nach Geschmack, würzen.

Danach das Gockerl in eine feuerfest Form legen, mit dem restlichen Olivenöl bestreichen und im vorgeheizten Backofen ca. 50 Minuten bei 200° goldbraun braten.

Tipp

Das fertige Gockerl tranchieren und mit der Füllung auf einer Platte servieren. Die Füllung ist sehr üppig und reicht als Beilage. Wenn man will, kann man zusätzlich noch etwas Reis dazu kochen.

Geschichte

Ich habe das Gericht auf Reisen durch Nordafrika entdeckt. In meiner Zeit in Bratislava habe ich öfters mehrere Gockerl auf diese Weise gebraten. Das Haus ist erfüllt mit würzigem Duft und es läuft einem schon das Wasser im Mund zusammen, wenn man ins Ofenrohr schaut. Mein Ofen wurde damals kurzerhand in „Hubsis Bräunungsstudio" umgetauft.

In Finnland habe ich zu Ankes Geburtstagsparty das Gericht mit einer Gans gemacht. Schmeckt ebenfalls ausgezeichnet und war im Nu weggegessen.

Paella

Zutaten

100 g mageres Schweinefleisch
1 Hähnchen in 6-8 Stücke geteilt
150 g Lammbrust (oder auch anderes Fleisch)
100 g kleine Bratwürste, zum Beispiel Nürnberger
6-8 kleine Tintenfische, Scampi oder Riesengarnelen
4 Scheiben Seeteufel, oder ähnlicher Fisch
400 g Miesmuscheln
(bei den Fleisch- und Fischzutaten kann variiert werden)
1 rote Paprikaschote
1/8 L Olivenöl
3 Knoblauchzehen
1 große Zwiebel, kleingeschnitten
450 g Rundkornreis
100 g grüne Bohnen
100 g Erbsen
2 Tomaten und 1 SL Tomatenpüree
¾ Liter Hühnerbrühe
6 Artischockenherzen aus der Dose
Salz, Pfeffer, 2 Prisen Safran

Zubereitung

Das Fleisch waschen und in mundgerechte Stücke schneiden. Den Tintenfisch waschen und in Ringe schneiden. Falls man Muscheln verwendet, diese ebenfalls waschen. Die Paprikaschote waschen und in schmale Streifen schneiden.

Das Olivenöl in einer Paellapfanne erhitzen. Zwiebeln und Knoblauch anbraten und danach die Fleischstücke anbraten. Nach ca. 5 Minuten die Fischzutaten (außer Scampi und Muscheln) und die Paprika zugeben und weitere 5 Minuten anbraten. Den Reis dazugeben und anziehen lassen, bis er glasig wird.

Tomaten mit heißem Wasser überbrühen, häuten, in kleine Würfel schneiden und zusammen mit dem restlichen Gemüse in die Pfanne geben.
Tomatenpüree unter die Paella mischen und anschließend mit Brühe aufgießen.
Mit Salz, Pfeffer und Safran würzen.

Die Scampi und die Muscheln auf den Reis legen und das Ganze ca. 15 Minuten kochen lassen. Immer wieder Brühe zufügen und umrühren. Aufpassen, dass der Reis nicht anbrennt. Paella sofort in der Pfanne servieren. Aber Vorsicht: Die Muscheln, die sich nicht geöffnet haben, rausnehmen und wegwerfen!

Geschichte

Paella ist für mich ein Sommerklassiker, der aber auch immer passt, wenn man mal wieder etwas Sommer nötig hat.

Parmesanpflanzerl

Zutaten
500 g gekochte Erdäpfel
100 g Quark
500 g Haselnüsse gehobelt und geröstet
3 Eigelb
1 Ei
1 geraspelte gelbe Rübe
100 g Parmesan, grob geraspelt
50 – 100 g Mehl
Muskatnuss
Salz und Pfeffer
Butter (schmalz) zum Braten

Zubereitung
Erdäpfel mit dem Erdäpfelstampfer zerdrücken, mit Salz, Pfeffer und Muskatnuss würzen. Mehl untermengen. Danach den Quark, geraspelte gelbe Rüben, Parmesan, Haselnüsse, Ei und Eigelbe beigeben. Das Ganze gut vermengen. Falls die Masse zu weich ist, noch etwas Mehl zugeben. Mit leicht befeuchteten Händen kleine Pflanzerl formen. Diese in Butter behutsam braten.

Tipp
Dazu passt ein Rahmspinat oder ein frischer Salat.

Geschichte
Nicht nur für Vegetarier ein Genuss.

Radi mit Petersilpesto

Zutaten
200 g Blattspinat
2 Bund Petersilie
Salz
1 SL Parmesan
1 SL geröstete Mandelblättchen
60 ml Olivenöl
60 g braune Butter
Pfeffer aus der Mühle
einige Tropfen Zitronensaft

500 g weißer Radi
Salz

1-2 SL geröstete Mandelblättchen

Zubereitung
Die Spinat- und Petersilienblätter von den Stielen zupfen und nacheinander in Salzwasser blanchieren. In kaltem Wasser abschrecken, in ein Sieb geben und abtropfen lassen. Mit den Händen das übrige Wasser gut ausdrücken. Danach grob zerkleinern und in eine Schüssel geben. Parmesan, Mandelblättchen, Öl und braune Butter hinzufügen. Mit Salz, Pfeffer und Zitronensaft würzen und im Mixer zu einer glatten grünen Paste pürieren.

Den Radi schälen, der Länge nach vierteln und in 3 mm dicke Scheiben schneiden, oder mit einem „Spiralschneider„ zu einer schönen Radi-Spirale schneiden. In Salzwasser eine Minute bissfest blanchieren, in kaltem Wasser abschrecken, in ein Sieb geben und abtropfen lassen.

Den Radi mit Pesto vermischen und je nach Geschmack noch mal nachwürzen.

Den Radisalat auf einer Platte anrichten und mit Mandelblättchen bestreuen.

Tipp
Man kann den Radi zur Brotzeit servieren, als Vorspeise, oder auch als Beilagensalat.
Am Besten schmeckt er im eigenen Biergarten, mit einer Brezen und einer frischen Maß Bier.

Rahmfleck

Zutaten

250 g Mehl
2 SL Olivenöl
125 ml Wasser
1 Prise Salz

saurer Rahm
zerlassene Butter
geraspelter Emmentaler
Oberpfälzer G´selchtes
2 Zwiebeln
Schnittlauch
Pfeffer
Salz

Zubereitung

Mehl, Öl , Wasser und Salz zu einem glatten Teig verkneten. Es soll ein schöner geschmeidiger Teig entstehen, diesen erst mal ruhen lassen.
In der Zwischenzeit wird der Belag vorbereitet. Die Zwiebel in halbe Ringe dünn schneiden . Das G'selchte in kleine Würfel schneiden. Den Emmentaler raspeln und ein Stück Butter zerlassen. Den Schnittlauch in kleine Röllchen schneiden.
Den Teig im Ganzen oder in mehrere kleine „Flecke" ganz dünn ausrollen.
Zuerst mit der zerlassenen Butter einstreichen und anschließend mit dem sauren Rahm. Danach mit Käse bestreuen und mit den G'selchtenwürfeln und Zwiebeln belegen. Salzen und pfeffern und im vorgeheizten Ofen bei 260°C ca. 4 Minuten backen, bis der Fleck resch und knusprig ist.
Zum Schluss noch den Schnittlauch drüber streuen

Tipp

Dazu passt ein schöner Zoigl.
Den Rahmfleck kann man natürlich auch noch mit anderen Sachen, ganz nach Belieben, belegen.

Geschichte

Der Rahmfleck stammt aus dem bayerischen Wald, wird dort allerdings mit einem Hefeteig gemacht und so ähnlich wie meiner belegt. Finde meine Version aber irgendwie besser und knuspriger. Passt auf jeden Fall immer und überall und den Nachschub kann man nicht so schnell zubereiten, wie er gegessen wird.

Rahmspinat

Zutaten
500 g Spinat
1 Zwiebel, fein gewürfelt
1 Knoblauchzehe, fein gewürfelt
50 g Butter
20 g Mehl (1 SL)
300 ml Milch
300 ml Sahne
Muskatnuss
Salz
Suppengewürz

Zubereitung
Zwiebel und Knoblauch in Butter andünsten, Mehl zugeben und mit Sahne und Milch unter ständigem Rühren eine cremige Sauce herstellen, abschmecken mit Salz und einer Prise Suppenwürze, sowie etwas Muskat. Jetzt den Spinat fein hacken und in der Sauce erwärmen, evtl. noch mal nachwürzen und zuletzt ein Stück Butter einrühren.

Tipp
Kann als Beilage zu Fleisch, Fisch, oder Parmesanpflanzerl serviert werden, oder auch mit Spiegelei und Bratkartoffel, oder mit Schopperla als eigenständiges Gericht serviert werden.

Geschichte
Spinat mit Spiegelei und Schopperla ist ein klassisches oberpfälzer Freitagsgericht.

Rehragout

Zutaten

150 g Sellerie
1 gelbe Rübe
2 Zwiebel
1 Liter Wasser
½ Liter Essig
Wildgewürz
1 kg Rehfleisch
(am besten aus der Schulter, traditionell verwendet man natürlich eher die
Reststücke vom Reh)
2 SL Öl
2 TL Puderzucker
2 SL Tomatenmark
300 ml Rotwein
1 SL Preiselbeergelee
Salz
Pfeffer
1 Schuss Salvatoressig (oder auch anderer Essig)
3 SL Butter

Zubereitung

Sellerie, gelbe Rübe und Zwiebel waschen und würfeln. Danach die
Gemüsewürfel und die Gewürze in eine Schüssel oder einen Topf mit Wasser
und Essig geben. Das Fleisch dazugeben und in der Beize für zwei Tage ruhen
lassen.

Das Fleisch aus der Beize nehmen und abtrocknen. Danach das Fleisch in einem
Topf rundherum anbraten und wieder herausnehmen. Den Puderzucker hinein
stäuben und etwas karamellisieren lassen, das Tomatenmark hineinrühren und
mit einem Teil des Rotweins ablöschen. Die Flüssigkeit etwas einköcheln lassen
und dann den übrigen Rotwein und die Beize mit dem Gemüse dazugeben. Das
Fleisch wieder dazugeben und für ca. 2 Stunden bei milder Hitze schmoren
lassen.

Das Fleisch herausnehmen und in kleine Stückchen schneiden. Die Sauce passieren und danach noch mit Preiselbeergelee, Salz, Pfeffer, evtl. noch etwas Wildgewürz, 1 Schuss Salvatoressig und Butter abschmecken. Das kleingeschnittene Fleisch wieder in den Topf geben und umrühren.

Tipp

Dazu passen Semmelknödel.

Geschichte

Rehragout ist ein oberpfälzer Nationalgericht und wurde in dem Lied „Heid gibt's a Rehragout" verewigt. Das Lied gehört zum Repertoire einer jeden oberpfälzer Blasmusik. In Finnland habe ich das Gericht etwas abgewandelt und habe es mit Rentier gekocht und ich muss sagen, das hat auch nicht schlecht geschmeckt.

Rosenkohl mit gehackten Walnüssen

Zutaten
Rosenkohl
Butter
Hühner- oder Gemüsebrühe
Zitrone
gehackte Walnüsse
Salz und Pfeffer

Zubereitung
Die gehackten Walnüsse zunächst in Butter rösten und zur Seite stellen. Den Rosenkohl putzen und in Scheiben schneiden. Anschließend in Butter andünsten. Das Gemüse wird auf diese Weise leicht gebräunt, bleibt jedoch knackig.

Die Nüsse hinzugeben und das Ganze ein paar mal wenden. Mit etwas Brühe aufgießen und umrühren, bis das Gemüse die Feuchtigkeit aufgesogen hat. Das Ganze mit Salz und Pfeffer abschmecken und die Zitrone drüberträufeln. Noch einmal umrühren und sofort servieren.

Geschichte
Rosenkohl schmeckt zugegebenermaßen sehr eigen. Wer aber einmal auf den Geschmack gekommen ist, wird ihn lieben. Als Beilage zu einem schönen Braten, zu einer Gans, oder Ente, aber auch zu Wild. Es gibt fast nichts besseres. Na gut, das ist jetzt etwas übertrieben.

Salvator-Parfait-Berg

Zutaten
4 Eigelb
1 Ei
100 g Zucker
100 g weiße Schokolade
3 Blatt Gelatine
200 ml Salvator
300 g Sahne

4 Eiweiß
125 g Zucker
100 g Puderzucker
1 SL Speisestärke
gemahlene Nüsse

300 g Sahne
Vanillezucker

Apfelmus
Apfelsaft
Ingwer
1 Apfel
Stärkemehl

Weiße und dunkle Schokoladenraspel

Zubereitung
Vortag
Eier und Zucker über dem Wasserbad aufschlagen und auf Eiswasser wieder kalt
schlagen. Weiße Schokolade schmelzen und unter die aufgeschlagene Eiweiße
rühren. Gelatine auflösen und ebenfalls unterrühren. Dann das Bier zugeben,
Sahne schlagen und vorsichtig unterziehen.

Eine Schüssel mit Frischhaltefolie auslegen, die Masse in die Schüssel füllen und
über Nacht gefrieren lassen.

Das übriggebliebene Eiweiß steif schlagen und den Zucker nach und nach unterrühren. Den Puderzucker mit der Speisestärke über den Eischnee sieben und mit einem Holzspatel unter den Eischnee heben.

Die Baisermasse in eine Springform einstreichen. Die Springform sollte den gleichen Durchmesser wie die Schüssel mit dem Parfait haben. Die Baisermasse auf der mittleren Schiene bei 120°C 2-3 Stunden trocknen lassen Die Tür des Backofens muss während dieser Zeit durch einen Kochlöffelstiel einen Spalt offen gehalten werden. Baiser in der Springform belassen und über Nacht abkühlen lassen.

Für die Sauce

Apfelsaft mit kleingehacktem Ingwer aufkochen, mit Stärke abbinden und das Apfelmuss dazugeben. Anschließend noch einen Apfel in die Sauce reiben. Eine Tasse von der Sauce abschöpfen und kalt stellen.

Am Feiertag

Die Sauce aufwärmen. Die Sahne schlagen, Vanillezucker zugeben und in die Springform über das Baiser verteilen. Das Parfait sollte man schon ½ Stunde vorher aus dem Gefrierschrank holen, damit es nicht so hart ist, sondern schön geschmeidig. Jetzt das Parfait auf das „Sahnebaiser" stürzen, anschließen eine Tasse der Sauce über den „Berg" gießen und noch mit den Schokoraspeln garnieren.

Die Sauce wird separat zum Berg serviert. Vielleicht noch ein paar Sterndlwerfer in den Berg stecken und servieren. Ein langes Ahhhhhhhhh und Ohhhhhhhhhhhhhh ist garantiert.

Salvator auf seine schönste Art.

Tipp

Nicht vergessen, das Parfait rechtzeitig aus dem Gefrierschrank zu holen, da es sonst zu hart ist. Es sollte schön cremig sein.

Geschichte

Ein Klassiker bei meinen Starkbieranstichen! Eine zugegebenermaßen etwas aufwändige Nachspeise. Der Aufwand lohnt sich aber. Zunächst ist man wahrscheinlich etwas verwundert, wenn man Salvator-Bier im Zusammenhang mit einer Nachspeise hört. Die Überraschung ist dafür um so größer, wenn man erst mal probiert hat.

Sardinen mit Pesto

Zutaten

16 große Sardinen, geschuppt und ausgenommen
50 g frische Basilikumblätter
2 Knoblauchzehen zerdrückt
2 SL Pinienkerne, geröstet
50 g frisch geriebener Parmesan
150 ml Olivenöl
Salz und frisch gemahlener Pfeffer
Zitronenscheiben zum servieren

Zubereitung

Die Sardinen innen und außen abwaschen, mit Küchenpapier trocken tupfen und nebeneinander auf eine Platte legen.
Basilikum, Knoblauch und Pinienkerne im Mixer fein hacken. Die Mischung in einer Rührschüssel mit Parmesan und Öl verrühren und mit Salz und Pfeffer abschmecken.
Zuerst die Sardinen innen mit Pesto besteichen und danach eine Seite mit ein wenig Pesto bestreichen. Die Fische 3 Minuten unter dem vorgeheizten Backofengrill (geht natürlich auch auf dem Außengrill) grillen. Wenden, mit Pesto bestreichen und weitere 3 Minuten grillen, bis die Sardinen gar und heiß sind.
Sofort mit dem restlichen Pesto und den Zitronenscheiben servieren.

Tipp

Dazu Baguette oder Nudeln.
Für dieses Rezept eigenen sich auch andere kleine ölige Fische, wie Heringe und Ölsardinen.
Man kann natürlich auch ein Glas Fertigpesto verwenden (dann geht´s noch schneller) oder auch mein Walnusspesto! Man kann die Sardinen auch als Vorspeise servieren.

Geschichte

Wenn man vier Jahre am Mittelmeer, keine 20 Meter vom Strand entfernt, gewohnt hat, gehört Fisch zum festen Speiseplan. Jeden Samstag bin ich mit Anke in La Marsa zuerst auf den Fisch- und danach auf den Gemüsemarkt gegangen. Jeder Einkaufstag war ein kulinarisches Abenteuer. Frischer und besser kann man nicht einkaufen.

Saueres Erdäpfelgemüse

Zutaten
1 SL Butter
1 SL Mehl
Suppenbrühe
gekochte Erdäpfel
Essiggurken
Essig
Salz

Zubereitung
Die Butter in einer heißen Pfanne zergehen lassen. Mehl dazu geben und verrühren. Hellgelb werden lassen und mit etwas kaltem Wasser aufgießen, dann mit heißer Suppenbrühe aufgießen. Gut verrühren, so dass keine Klümpchen entstehen. Salzen und Essig nach Geschmack dazugeben. Zuletzt die klein geschnittenen Erdäpfel und Essiggurken dazugeben. Etwas ziehen lassen.
Dazu eine Tafelspitz – so schmeckt die Oberpfalz!

Geschichte
Dieses Gericht ist eigentlich eine Hauptspeise. Ich habe es aber schon öfters meinen Gästen als Vorspeise angeboten. Wie auch immer, es schmeckt „sauguat" und ist eines meiner Leibgerichte.

Sauerne Bratwürste
(Blaue Zipfel)

Zutaten
Wasser
Essig (viel Essig verwenden)
etwas Salz
etwas Zucker
Öl
etwas Suppenwürze
Lorbeerblatt
2 Nelkenköpfe
Wachholderbeeren
reichlich Zwiebelringe
rohe Bratwürste (am besten die kleinen Regensburger)

Zubereitung
Einen Sud aus Essigwasser (viel Essig verwenden) und den Gewürzen herstellen und zum kochen bringen. Sobald der Sud kocht, die Zwiebelringe dazugeben.

Die Zutaten (außer den Bratwürsten) gut durchkochen lassen. Abschmecken - es sollte ein pikanter Essigsud sein. Danach die Bratwürste in den Sud geben, der jetzt auf keinen Fall mehr kochen sollte. Die Bratwürste nur noch ziehen lassen. Wenn sie eine leicht bläuliche Färbung bekommen, sind sie gar. Deshalb habend die sauernen Bratwürste auch den Beinamen „Blaue Zipfel".

Tipp
Dazu schmeckt ein richtiges Oberpfälzer Bauernbrot besonders gut, Brezen, oder frische Semmeln und dazu ein kühles Bier. Sauerne Bratwürste serviert man zur Brotzeit, als Abendessen, oder zum Frühschoppen.

Geschichte
Die sauernen Bratwürste schmecken nicht nur am Kirwamontag zum Frühschoppen. Für mich sind sie ein „Samstagabend-Klassiker". Wenn es am Samstag im ganzen Haus nach „Badezimmer" und saueren Bratwürsten riecht, dann ist das ein Garant für einen gelungenen Abend.

Sauerteig

Zutaten
400 g Roggenmehl
400 ml lauwarmes Wasser

Zubereitung
100 g Roggenmehl und 100 ml lauwarmes Wasser in einem Schraubglas verrühren, mit einem Baumwolltuch bedeckt an einem warmen Ort zwei Tage stehen lassen. Nach zwei Tagen wieder 100 g Roggenmehl und 100 ml Wasser einrühren. In ein größeres Gefäß , vielleicht eine Rührschüssel umsetzen, denn jetzt beginnt der Sauerteig zu wachsen. Wieder zwei Tage warten, dann erneut 100 g Mehl und 100 ml Wasser zugeben. Zwei Tage warten, dann wieder 100 g Mehl und 100 ml Wasser einrühren und gehen lassen.

Dazwischen immer wieder gut verrühren, damit der Teig oben nicht austrocknet. Wenn schöne Bläschen entstanden sind und der Sauerteig würzig säuerlich riecht, ist er fertig für den Brotteig.

Tipp
Der Starter für den Sauerteig darf niemals gesalzen werden und man muss Roggenmehl verwenden. Mit Weizenmehl geht er nicht.

Einen Teil von diesem Starter in einem Schraubglas gut verschlossen im Kühlschrank aufgewahren. Er hält sich gut und kann immer wieder verwendet werden.
Sauerteig kann auch problemlos eingefroren werden. Sowohl die Milchsäurebakterien als auch die Hefepilze überstehen dies problemlos und erwachen beim Auftauen wieder zu neuem Leben. Diese Methode eignet sich zum längeren Konservieren von Sauerteig.

Alternativ zum Einfrieren kann man den entnommenen Sauerteig dünn auf ein Backpapier aufstreichen und warten bis der Teig vollständig getrocknet ist. Die so entstehenden Sauerteigflocken sind praktisch unbegrenzt haltbar.

Schnelle Ausstecherla

Zutaten
12 SL Mehl
7 SL Zucker
1 Packerl Backpulver
1 Ei
125 g Butter

evtl. Kokosflocken, Schokostückchen
oder gemahlene Nüsse

Zubereitung
Die Butter in einer Rührschüssel schaumig schlagen. Nach und nach Zucker und
Ei hinzufügen. Mehl und Backpulver vermengen und in die Rührschüssel geben.
Die Masse gut durchkneten. Je nach Geschmack Kokosflocken,
Schokostückchen oder gemahlene Nüsse mit in den Teig hineinkneten. Kurz
stehen lassen.

Auf einer bemehlten Unterlage ausrollen, ausstechen und auf ein gefettetes
Backblech legen. Bei mittlerer Hitze 10 bis 15 Minuten backen.

Tipp
Ein sehr einfaches Rezept zum Plätzchen backen und deshalb sehr gut geeignet,
um mit Kindern zu backen, oder Kinder alleine backen zu lassen. Die Plätzchen
können natürlich noch verziert werden.

Geschichte
Was wäre die Weihnachtszeit ohne Plätzchen backen und dem dazugehörigen
Geruch, der durchs ganze Haus zieht. Ab Kathrein geht's traditionell los und je
mehr verschiedene Sorten man bis Weihnachten schafft, desto besser. Laura und
Florian macht es einen riesigen Spaß, Plätzchen zu backen und natürlich auch zu
essen, was zur Folge hat, dass viele Plätzchen das Weihnachtsfest erst gar nicht
erleben. Die Küche sieht hinterher aus wie ein Schlachtfeld, aber Weihnachten
ist ja nur einmal im Jahr.

Schopperla

Zutaten
6 Erdäpfel
1 Ei
3 - 4 SL Mehl
Salz
Muskatnuss

Zubereitung
Erdäpfel kochen, am besten schon am Vortag. Die gekochten Erdäpfel reiben und danach alle weiteren Zutaten schnell unterkneten. Den Teig kurz ruhen lassen und dann ca. 1 cm dicke Würste rollen. Mit dem Messer kleine Stückchen (ca. 1 ½ cm) abschneiden. Immer wieder etwas Mehl darüber streuen.

In der Rein Butterschmalz erhitzen und die Schopperla in das sehr heiße Fett geben. Bei ca. 200° C ins Backrohr schieben und ca. 30-40 Minuten backen. Zwischendurch öfters mal wenden.

Tipp
Die Erdäpfel möglichst schon am Tag kochen.
Verquirltes Ei darüber geben.
Schmeckt zu Sauerkraut mit Wammerl, oder für die „Süßen" mit Apfelmus.

Geschichte
Schopperla musste mir meine Oma immer in großen Mengen kochen. Davon konnte ich als Kind nie genug kriegen. Schopperla sind so eine Art oberpfälzer Nationalspeise.

Semmelknödel

Zutaten

geschnittene Semmeln
2 Eier
Butter
Salz

1 kleine Zwiebel
lauwarme Milch
gehackte Petersilie

Zubereitung

Alte Semmeln oder Weißbrot in feine Scheiben schneiden. Die fein ge-
schnittenen Semmeln mit lauwarmer Milch (je nach Menge der Semmeln) einweichen. Das Ganze sollte nicht zu nass werden, lieber immer wieder etwas
Milch dazugeben. Danach 2 Eier dazugeben und die Masse gut durchkneten.
Eine kleine Zwiebel klein hacken und in einer Pfanne mit zerlassener Butter die
Zwiebel kurz glasig dünsten. Danach die Zwiebel in den Teig geben, salzen und
zum Schluss noch klein gehackte Petersilie untermischen.
Den Teig kurz ruhen lassen. In der Zwischenzeit im Knödelhefer Wasser kochen
und salzen. Aus dem Teig Knödel formen und in das kochende Wasser einlegen.
Ab jetzt sollte das Wasser nicht mehr kochen. Wenn die Knödel oben auf
schwimmen und schön aufgegangen sind, kann man sie servieren.
Semmelknödel kann man zu Braten oder auch zu einer Schwammerlbrühe
servieren.

Tipp

Den Teig in Alufolie rollen, so dass Unterarm-dicke Würste entstehen. Diese in
kochendes Wasser einlegen und ca. 20 Minuten sieden. Danach die „Knödel-
würste" von der Alufolie befreien und in Scheiben schneiden. Eine etwas edlere
Variante des Semmelknödels, die auch etwas trockner ist und daher mehr Sauce
aufnehmen kann. Das Knödelhefer (Topf) ist übrigens ein unverzichtbarer
Bestandteil einer bayerischen Küche!

Geschichte

In bayerischen Bäckereinen gibt es Knödelbrot fertig zu kaufen, da der Semmelknödel immer noch der bayerische Knödel Nr. 1 ist. In Kampala gab es einen
österreichischen Bäcker, bei dem ich immer mein Knödelbrot holte. Semmelknödel wurden daher bei mir oft serviert und erfreuten sich auch unter den
ugandischen Freunden großer Beliebtheit. Ungeklärt ist allerdings immer noch,
ob es Semmelknödel oder Semmelnknödeln heißt. Karl Valentin hat sich mit
diesem Thema eingehend beschäftigt, die Frage blieb allerdings ungelöst.

Spinatsauce mit Bandnudeln

Zutaten
300 g Tiefkühlspinat (am besten selbst eingefroren)
1 SL Butter
4 Knoblauchzehen
1 kleine Zwiebel
125 ml Weißwein
300 ml Sahne
300 g Käse (z.B. Gouda) gehobelt
Salz und Pfeffer

Bandnudeln

Zubereitung
Die Zwiebel kleinhacken, den Knoblauch zerdrücken und in Butter anschwitzen, dann den tiefgefrorenen Spinat zugeben und unter ständigem Rühren auftauen. Immer wieder mit dem Weißwein ablöschen.

Nachdem der Spinat aufgetaut ist, 5 Minuten köcheln lassen. Anschließend salzen und pfeffern und 5 Minuten weiter köcheln. Danach die Sahne zugeben und unter Rühren den Käse zugeben und darin schmelzen. Die Sauce sollte schön cremig sein.

Zwischenzeitlich die Bandnudeln kochen und abtropfen lassen. Danach die Sauce unterheben.

Tipp
Ein ideales Gericht für die Fastenzeit und vor allem für den Gründonnerstag. Besonders edel wird´s natürlich, wenn man die Bandnudeln selber macht. Das Gericht kann als Haupt- oder Vorspeise serviert werden.

Spinatsuppe mit pochierten Estragoneiern

Zutaten
2 SL Butter
2 SL Mehl
125 ml Milch
125 ml Hühner- oder Gemüsebrühe
1 Pfund Spinat
1 kräftiger Schuss Estragonessig
4 Eier
Salz und Pfeffer

Zubereitung
In einem mittleren Topf mit Butter und Mehl eine Einbrenne herstellen und mit der Brühe ablöschen und verrühren. Anschließend die Milch langsam zugeben.

Den Spinat zugeben und das Ganze zum kochen bringen. Danach die Hitze zurückdrehen und den Spinat fünf Minuten köcheln lassen. Wenn der Spinat weich ist, wird er püriert.

In der Zwischenzeit in einem Topf Wasser zum Kochen bringen. Salz und Estragonessig zufügen und die Hitze reduzieren. Jeweils ein Ei aufschlagen (Vorsicht, dass das Eigelb nicht kaputt geht), in eine Tasse geben und langsam in das Wasser gleiten lassen. Fünf bis acht Minuten kochen lassen

Die Suppe in Suppenteller geben und jeweils ein Ei hinzufügen.

Tipp
Ein wunderbares Gründonnerstagsessen.

Springerle

Zutaten
200 g Puderzucker
1 Packerl Vanillezucker
275 g Weizenmehl
1 Messerspitze Backpulver
2 Eier
ganzer Anis (zum Bestreuen des Backblechs)

Zubereitung
Man schlägt die Eier mit einem Schneebesen (oder Rührgerät) schaumig und gibt nach und nach den gesiebten Puderzucker und den Vanillezucker dazu. Dann schlägt man so lange, bis eine dicke, cremartige Masse entstanden ist. Von dem Mehl werden 225 g mit dem Backpulver vermischt uns so viel unter die Eicreme gemischt, bis ein dicker Brei entsteht.

Den Rest vom Mehl streut man auf das Backbrett und knetet die Eimasse ein, bis ein schöner Teig entsteht. Die restlichen 50 g Mehl, oder etwas mehr, je nach Gefühl, verwenden . Der Teig sollte auf jeden Fall nicht kleben. Dann rollt man kleine Portionen vom Teig, ca. 1 cm dick aus, streut etwas Mehl darauf, auch auf die Springerle-Formen, drückt die Formen fest auf den Teig und radelt die einzelnen Plätzchen aus.

Das Backblech einfetten, Anis darauf streuen und die Plätzchen darauf setzen. 24 Stunden an einem mäßig warmen Ort trocknen lassen. Dann erst bei leichter Hitze, ca. 150 °C, etwa 30 Minuten backen.

Tipp
Die Springerle in einer Dose lagern. Je länger man sie liegen lässt, desto weicher werden sie.

Suppengemüse

Zutaten
Gelbe Rüben
Sellerie
Petersilie und Petersilienwurzel
Porree
und/oder Zwiebel

Zubereitung
Das klassische Suppengemüse besteht aus einer Scheibe Sellerie, einer gelben Rübe, einer Stange Lauch, einem Büschel Petersilie sowie einer Petersilienwurzel und Zwiebel.

Alles in Salzwasser gut durchkochen. Die Suppe eignet sich für verschiedene Suppeneinlagen, wie Fridatten, Backerbsen, Suppennudeln, Griesnockerl usw... Das Suppengemüse ist aber auch ein wichtiger Bestandteil einer jeden Fleischsuppe.

Tipp
Eine heiße Gemüsebrühe aus diesen Gemüsesorten wirkt kräftigend, wärmend und aufbauend bei überstandener Krankheit. Sie ist auch gut bei einer Fastenkur.

Immer gleich mehr einkaufen und päckchenweise einfrieren. Noch besser ist es allerdings, wenn man das Gemüse im eigenen Garten zieht.

Geschichte
Grundlage einer bayerischen Küche, z.B. der meiner Mutter, ist ein ausreichender Vorrat an Suppengemüse. Ob in der Suppe oder in der Bratensauce, ohne Suppengemüse geht nix.

Tafelspitz

Zutaten
1-2 SL Öl
1 ½ kg Tafelspitz
Salz
3 Zwiebel
1 Stange Lauch
3 kleine gelbe Rüben
1-2 Petersilienwurzeln
1 Lorbeerblatt
ein paar Wacholderbeeren
1 TL schwarze Pfefferkörner
½ Teelöffel Pimentkörner
2 Stiele Petersilie
Muskatnuss
Pfeffer
Salz

Zubereitung
Öl in einem Topf erhitzen, Fleisch darin bei kleiner Hitze rundherum anbraten, nicht zu stark. Danach das Fleisch herausnehmen und den Bratensatz mit Wasser ablöschen. Noch mehr Wasser dazu gießen und zum Simmern bringen (nicht kochen! wichtig, damit die Brühe nicht trüb wird!). Das Fleisch hineinlegen, es sollte fast bedeckt sein. Salzen und knapp unter dem Siedepunkt 2 bis 2 1/2 Stunden ziehen lassen. Das Gemüse putzen, waschen, in kleinere Stücke schneiden und in die Suppe geben.
Nach ca. anderthalb Stunden das Lorbeerblatt, Wacholderbeeren, Pfeffer- und Pimentkörner dazufügen und ca. drei Minuten vor Ende der Garzeit noch die Petersilienstiele in die Brühe geben und darin ziehen lassen. Mit Salz würzen. Den Tafelspitz herausnehmen und quer zur Faser in Scheiben schneiden. Mit dem Gemüse und etwas Brühe anrichten. Zum Schluss Muskatnuss darüber reiben und mit Pfeffer und eventuell noch etwas Salz würzen.

Tipp

Wenn man das Fleisch kurz anbrät und dann in simmerndes Wasser legt, bleibt es saftig und die Brühe ist trotzdem wunderbar aromatisch. Man kann das Fleisch aber auch ungebraten in kaltes Wasser geben und kochen, dann bekommt man eine sehr gute Brühe, aber das Fleisch ist nicht mehr so geschmackvoll. Das Gemüse, dass in die Suppe kommt, nennt man Suppengemüse. Man kann es portionsweise einfrieren, um bei Bedarf Vorrat zu haben.

Geschichte

Die Tafelspitz, das Schwanzeckstück vom Rind, ist ein bayerischer Vorspeisenklassiker und kommt zu großen Anlässen (Hochzeit, Taufe) und an Feiertagen auf den Tisch. Man serviert sie mit Kren, dem mitgekochten Gemüse und Kartoffel. Natürlich kann man sie auch als Hauptspeise servieren.

Thailändische Hühnersuppe mit Garnelen

Zutaten
350 g Gockerlbrustfleisch
6-12 Garnelen
1 TL neutrales Pflanzenöl
3 Schalotten
1 großes Stück Ingwer
2 Knoblauchzehen
5 Stücke (je 1 cm) Zitronengras, flach geklopft
200 g Austernpilze oder andere Pilze, in Scheiben geschnitten
4 Lauchzwiebeln, in Steifen geschnitten
1 Bund Korianderzweige, gezupft
2 rote Chilischoten oder Chilipulver
8 Zitronenmelissenblätter
500 ml Kokosmilch
150 ml Sahne
Hühnerbrühe
6 cl Limettensaft
2 Tl Honig
Salz

Zubereitung
Die Gockerlbrüste waschen und in mundgerechte Stücke schneiden. Die Garnelen ebenfalls waschen. Den Ingwer und die Schalotten in Scheiben schneiden, dann mit dem Knoblauch und Zitronengras leicht in Öl anschwitzen Anschließend mit der Hühnerbrühe und der Sahne ablöschen und kurz einkochen lassen.
Die Kokosmilch hinzugeben und weiter köcheln lassen. Die Austernpilze, Lauchzwiebel, und das Gockerlfleisch hinzufügen und etwa 10 Minuten köcheln lassen. Dann die Garnelen hinzufügen und weitere 5 Minuten ziehen lassen. Den Limettensaft, Chilis, Honig und Zitronenmelisseblätter zum Schluss dazugeben und nur in der Suppe ziehen lassen – nicht mehr kochen. Mit Salz abschmecken und mit Koriander garnieren.

Tipp

Die Suppe kann man als Vorspeise servieren, oder auch als eigenständiges Gericht mit Brot. Bestens geeignet, um an kalten Wintertagen von tropischen Stränden zu träumen.

Geschichte

Eine meiner Lieblingssuppen. Kennen und lieben gelernt habe ich die Suppe im Krua Thai-Restaurant in Kampala. Deshalb verbinde ich die Suppe mehr mit Afrika, als mit Asien.

Tomatenchutney

Zutaten
5 Tomaten
1 Zwiebel
Rosmarin
Olivenöl
10 g Salz
40 g Zucker
Pfeffer
Balsamico-Essig
Basilikumblätter

Zubereitung
Die Zwiebel klein hacken. Die Tomaten mit heißem Wasser überbrühen, schälen und würfeln. Die kleingehackte Zwiebel mit etwas Olivenöl in einer Pfanne leicht anschwitzen und die Tomaten dazugeben.

Zucker, Salz und Rosmarin dazugeben und mit Balsamico-Essig ablöschen. Danach noch ein paar Basilikumblätter hinzufügen und mit Pfeffer würzen.

Das Ganze ca. 10 Minuten bei geschlossenem Deckel (damit nicht zu viel verdampft) köcheln lassen.

Tipp
Eine wunderbare Beilage zum Grillen, anstatt der sonst üblichen Grillsaucen. Dazu serviere ich meistens noch Couscous.

Geschichte
Grillen läuft meistens nach dem gleichen Muster ab. Fertig mariniertes Fleisch aus dem Supermarkt (in einer undefinierbaren Sauce), mayonnaiselastige Salate und gekaufte Grillsaucen. Lieber etwas weniger und dafür mehr Qualität, und schon wird aus einem Grillabend ein besonderes Ereignis. Das Fleisch schon einen Tag vorher marinieren (siehe meine Grillmarinade), einen frischen Salat, Tomatenchutney und Couscous - fertig. Natürlich kann ein Vor- und ein Nachessen nicht schaden!

Torte El Commandante

Zutaten
Biskuitteig:
5 Eier, getrennt
150 g brauner Zucker
150 g Mehl
50 g Stärkemehl
1 TL Backpulver

Füllung:
600 ml Sahne
250 g Frischkäse
220 g brauner Zucker
7 Limetten
frische Minze
9 SL Havanna Club
10 Blatt Gelatine
1 Sahnesteif

Verzierung:
200 ml Sahne
1 Sahnesteif
30 g brauner Zucker
1 Limette

Zubereitung

Biskuitteig:
Die Eier mit 150 g braunen Zucker etwa 5 Minuten schaumig rühren. Dann Mehl, Speisestärke und Backpulver darüber sieben. Gut vermischen. Den Backofen auf 170 Grad vorheizen. Die Masse in eine gefettete Springform (26 cm Durchmesser) füllen. Anschließend ca. 30 Minuten auf mittlerer Ebene backen. Das Backrohr abschalten und noch fünf Minuten ziehen lassen.

Füllung:

Sahne mit Sahnesteif schlagen und den Frischkäse unterziehen. Von einer Topf-Minze eine Handvoll Blätter abzupfen und sehr fein wiegen. In eine Schüssel geben. Von drei unbehandelten Limetten die Schale abreiben und zu der Minze geben. Sieben Limetten auspressen und den Saft zur Minze geben. 220 g braunen Zucker zum Limettengemisch geben und gut verquirlen.
Das Ganze unter die Sahne-Frischkäsemischung heben. Die Gelatine einweichen, auflösen und unter die Frischkäse-Limetten-Sahne ziehen. Kühl stellen, bis die Creme zu gelieren beginnt.

Den Biskuitboden in 3 Teile schneiden. Auf den „Bodenteil" 3 SL Rum träufeln. Danach auf den „Bodenteil" die Hälfte der Füllung verteilen. Den „Mittelteil" darauf setzen und ebenfalls mit 3 SL Rum beträufeln. Restliche Frischkäse-Limetten-Masse darauf verteilen und mit dem „Deckelteil" abdecken und ebenfalls noch mal mit 3 SL Rum beträufeln. Etwa 5 Stunden (oder über Nacht) kühl stellen.

Verzierung:

Einen Becher Sahne mit Sahnesteif schlagen und die Torte mit der Sahne bestreichen. Limette in Scheiben schneiden und die Torte verzieren. Mit zwei Esslöffel braunem Zucker bestreuen.

Tipp

Wer Kinder am Kaffeetisch sitzen hat, der kann die Torte auch ohne weißen Rum zubereiten. Dann die Böden noch mit einigen Spritzern Limettensaft tränken. Besser ist es aber, den Kindern einen extra Kuchen zu backen. Denn eine Torte El Commandante ohne Havanna Club ist eigentlich kaum vorstellbar.

Die Torte lässt sich gut vorbereiten. Anfangs schmeckt sie übrigens nach Limette, ab dem zweiten Tag nimmt das Minze-Aroma zu.

Geschichte

Der Mojito, ein kubanischer Cocktail aus weißem Rum, Minze und Limettensaft, gehörte einst zu den Lieblingsdrinks des Schriftstellers Ernest Hemingway und ist auch mein erklärter Lieblingsdrink. Bei einem erfrischenden Mojito, oder meiner Torte El Commandante ziehen vor meinem geistigen Auge Bilder einer abenteuerliche Reise durch Kuba vorbei............

Vanillekipferl

Zutaten
200 g Mehl
50 g Zucker
80 g gemahlene Haselnüsse
150 g Butter
Vanillezucker

Zubereitung
Aus den Zutaten einen Teig herstellen und an einem kühlen Ort etwas ruhen lassen. Kleine Hörnchen formen und auf ein mit Backpapier ausgelegtes Blech legen. Bei 160°C ca. 8-10 Minuten goldgelb backen. Danach vorsichtig, noch heiß, in Vanillezucker und Zuckermischung wälzen

Tipp
Die Hörnchen zu formen, erfordert etwas Geschick und die ersten Versuche werden kläglich scheitern. Deshalb rechtzeitig vor Weihnachten schon mal einen Versuch starten. Diese Kipferl werden zwar köstlich schmecken aber furchtbar aussehen. Daher kann man nach ein paar Tagen noch einen Versuch starten und dann werden die Kipferl auch besser aussehen.
Schmecken nicht nur zur Weihnachtszeit, auch zwischendurch. Es gibt nichts besseres zum Kaffee.

Geschichte
Das Vanillekipferl ist ein bayerisch-österreichisch-böhmisches Weihnachtsgebäck, ohne das in allen drei Gebieten ein Weihnachtsfest undenkbar wäre. In meiner Zeit in Bratislava, als ich noch im Hotel wohnte, lag jeden Abend ein Vanillekipferl auf meinem Kopfkissen.

Verbranntes Orangenparfait

Zutaten
2 Eier
3 Eigelb
150 g Zucker
Mark einer Vanilleschote
50 g Orangenmarmelade
1 Blatt Gelatine
50 ml Orangensaft
geriebene Schale einer Orange
50 ml Grand Marnier
300 ml Schlagsahne

Zum Abbrennen:
100 g brauner Zucker
Förmchen und Bunsenbrenner

Zubereitung
Eier, Eigelbe, Zucker und Vanille erst warm, dann kalt schlagen.
Orangenmarmelade und Grand Marnier zugeben. Gelatine in kaltem Wasser
einweichen, ausdrücken, in handwarmen Orangensaft auflösen und unter die
Masse rühren. Etwa ein Drittel der Schlagsahne kräftig dazurühren, den Rest
vorsichtig unterheben.

Die Masse zügig (sonst wird die Gelatine fest) in die vorbereiteten Förmchen
füllen und mindestens 3 Stunden ins Gefrierfach stellen.

Förmchen mit braunem Zucker bestreuen und mit dem Bunsenbrenner
karamellisieren. Es soll ein bisschen schwarz werden – aber nur ein bisschen.

Tipp
Dazu schmecken besonders gut Weihnachtsplätzerln (z.B. Nussrauten) oder
(und) ein Gläschen Sekt.

Verschleierte Bauernmoidln

Zutaten

1 ½ Tassen Semmelbrösel
3 SL sehr feiner Zucker
2 TL gemahlenen Zimt
2 SL Butter
250 ml Schlagsahne
1 großes Glas Apfelmus (am besten selbstgemacht)
100 g geraspelte Haselnüsse

Zubereitung

In einer Pfanne bei mittlerer Hitze die Semmelbrösel, Zucker, Zimt und Butter so lange rösten, bis die Semmelbrösel goldbraun sind, dann vom Herd nehmen.

Die Schlagsahne steif schlagen.

In einer Schüssel (am besten einer Glasschüssel) zuerst den Boden mit einer Lage Apfelmus bedecken, anschließend eine Lage Semmelbrösel und danach eine Lage Schlagsahne. Das Ganze wiederholen und mit einer Lage Schlagsahne abschließen.
Zum Schluss noch die geraspelten Haselnüsse drüberstreuen, bzw. die Bauernmoidln verschleiern – fertig.

Tipp

Die Bauernmoidln kann man auch zusammen mit einer Kugel Eis servieren, damit Ihnen nicht zu „heiß" wird...........
Wegen des intensiven Zimtgeschmacks bestens für Weihnachten geeignet.

Geschichte

Diese Nachspeise habe ich in ähnlicher Form in Norwegen entdeckt.

Walnusspesto

Zutaten
100 g Walnusskerne
200 g Basilikumblätter (1 Bund)
200 g glatte Petersilie (1 Bund)
2 Knoblauchzehen
3 SL frisch geriebener Parmesan
3 SL frisch geriebener Pecorino-Käse
10 SL Olivenöl
Salz und Pfeffer

Spaghetti oder andere Nudeln
gehobelter Parmesan zum Bestreuen

Zubereitung
Walnusskerne bei 180 Grad etwa 8-10 Minuten im Ofen rösten und grob
zerbrechen. Kräuter waschen, trocken schütteln und ohne Stile grob zupfen.
Knoblauch häuten und grob schneiden. Beides mit 2/3 der gerösteten Walnüsse
und einer Prise Salz mit einem Mörser zu einer groben Paste zerstoßen. Nach
und nach Pecorino und Parmesan darunter rühren. Tropfenweise Öl zugeben und
weiterrühren. Mit Salz und Pfeffer würzen.

Spaghetti in Salzwasser garen, 2 Suppenlöffel Sud unters Pesto mischen, Rest
abgießen. Pesto unter die Nudeln geben und mit Nüssen und Käse bestreuen.

Tipp
Ein ideales Gericht für Lindenloher Walnüsse. Man muss für ein Pesto nicht
unbedingt Pinienkerne verwenden!
Man kann dieses Gericht wie in Italien üblich als Vorspeise essen, oder auch als
Hauptgericht.

Geschichte
Als ich meinen ersten Walnussbaum in Lindenlohe gepflanzt habe, brauchte ich
natürlich auch ein geeignetes Gericht, um dieses Ereignis gebührend zu feiern.

Weißkrautsuppe

Zutaten
1 Dose geschälte Tomaten (850 ml)
½ Liter Gemüsebrühe (evtl. auch mehr)
2 Stangen Staudensellerie
300 g grüne Bohnen (in 2 cm lange Stücke geschnitten)
300 g gelbe Rüben (in feine Scheiben geschnitten)
1 große Gemüsezwiebel (in feine Streifen geschnitten)
½ Kopf Weißkraut ohne Strunk (am besten gehobelt)
1 grüne Paprikaschote (in mittelgroße Stücke geschnitten)
2 SL Olivenöl
Salz und Pfeffer

Zubereitung
Kraut mit Olivenöl und Zwiebel kurz anziehen lassen, leicht salzen und mit der Brühe und den Tomaten auffüllen. Sellerie, Karotten, Weißkohl und (kurz vor der Ende der Kochzeit) Bohnen und Paprikaschoten zugeben, damit sie knackig bleiben. Sie Suppe kann mit Curry und Petersilie verfeinert werden. Mit Salz und Pfeffer abschmecken.

Tipp
Die Suppe enthält viele Vitamine. 100 g Weißkraut decken den Tagesbedarf an Vitamin C ab.
Wer entgiften will, kann ein paar Entschlackungstage mit Weißkrautsuppe einlegen. Von der Gemüsebrühe darf man dann essen , so viel man will. Ansonsten sind ungesüßter Fruchtsaft, Tee, Kaffee und Wasser (kein Mineralwasser) erlaubt und in Tee (z.B. mein Entschlackungstee) und Kaffee 0,3 Prozent Milch. Aber: Brot, Alkohol, kohlensäurehaltige und gesüßte Getränke und alles Gebratene und Frittierte gefährden den Entgiftungseffekt.

Wer mit Kohlsuppe länger entschlacken will, kann über den Tag hinweg Obst essen (nicht gerade Bananen), außerdem grünes Blattgemüse, vorzugsweise gedünsteten Spinat, und Tomaten oder grünen Paprika (am besten als Salat). Abends kann man auch mal eine Kartoffel mit fettfreiem Quark essen, oder etwas gekochtes Rindfleisch mit frischem Meerrettich, oder auch eine gekochte Hühnerbrust mit Tomatensauce. Nach ein paar Tagen fühlt man sich gesünder, frischer und leichter.

Geschichte

Weißkrautsuppe und mein blutreinigender Entschlackungstee sind mein alljährliches Pflichtprogramm während der Fastenzeit. Dazu völliger Alkohol-verzicht, d.h. auch kein Bier. Nach 40 Tagen „in der Wüste" fühlt man sich wieder wie ein neuer Mensch und der Sommer, d.h. die Biergartenzeit kann kommen.

Wildgewürz

Zutaten
1 SL schwarzer Pfeffer
1 SL Pimentkörner
1 SL Korianderkörner
1 SL Wachholderbeeren
1 SL getrockneter Thymian
5 Lorbeerblätter
5 Nelken
1 Messerspitze Zimt
1 TL getrockneter Ingwer
½ TL gestoßener Kardamon

Zubereitung
Alle Zutaten zerkleinern, am besten mit dem Mörser, und danach gut
durchmischen. In einem Schraubglas kann man die Mischung einige Wochen
lang aufheben.

Tipp
Das Gewürz eignet sich für alle Wildgerichte, aber auch für Wildbeizen und
Marinaden.

Geschichte
Eine ordentliche Prise von dem Gewürz gehört auf jeden Fall in ein richtiges
Rehragout, dem Wildgericht der Oberpfalz. Man kann es natürlich auch in
anderen Wildgerichten verwenden, oder auch in Gerichten, die nach Wild
schmecken sollen.

Ein Glas Wildgewürz halte ich immer auf Vorrat. Ich habe es unter anderem für
tunesischen Wildschweinbraten (bekommt man dort sehr günstig, da Schwein ja
von den Einheimischen nicht gegessen wird), finnischen Rentierbraten (nicht
ganz so günstig) und afrikanischer Antilope benutzt.

Zimtsterne

Zutaten
375 g Zucker
375 g gemahlene Mandeln
5 Eiweiß
15 g Zimt

Zubereitung
Das Eiweiß steif schlagen. Zucker, gemahlene Mandeln und Zimt dazugeben und gut verrühren. Der Teig sollte so fest werden, dass er sich ausrollen lässt, ansonsten noch Mandeln dazugeben.

Den Teig auf einem bemehlten Nudelbrett ausrollen und Sterne (Zimtherzen schmecken übrigens auch ganz gut) ausstechen. Die Sterne auf einem gefetteten Blech bei 160° auf der mittleren Schiene ca. 8 Minuten backen.

Tipp
Die Ausstecherlform zwischendurch immer wieder in Wasser eintauchen, damit der Teig nicht kleben bleibt.

Geschichte
Ohne Zimt ist die Weihnachtsbäckerei wohl nicht denkbar. Von Ceylon aus hat Zimt seinen Zug in die Küchen der Welt angetreten. Selbst im Hohen Norden, in Finnland, geht an Weihnachten ohne Zimt gar nichts. Am Heiligen Abend gibt es dort zum Frühstück einen Milchreis mit einer ordentlichen Prise Zimt und einer versteckten Mandel. Wer diese in seiner Portion findet, hat im nächsten Jahr besonders viel Glück.

Zucchini-Basilikum-Risotto

Zutaten

450 g Reis (wenn möglich Risottoreis, sonst jeden anderen Reis)
1 große Zwiebel
1 Zucchini
1 - 1 ½ Liter Suppenbrühe (Gemüse)
Basilikum (je nach Geschmack und Vorrat)
1 Stück Parmesankäse
etwas Weißwein
Salz und Pfeffer
Olivenöl

Zubereitung

Einen großen Topf verwenden, da der Reis quillt. Die Brühe vorbereiten; Parmesan reiben; Basilikumblätter zupfen, waschen und klein schneiden; die Zucchini würfeln. Die Zwiebel klein hacken und in Olivenöl anbraten, glasig werden lassen, dann die Zucchiniwürfel dazugeben und kurz anbraten lassen. Den ungekochten Reis dazugeben und ebenfalls kurz anbraten lassen. Danach mit einem kräftigen Schuss Weißwein ablöschen. Weiterrühren, jeweils eine Kelle Brühe dazugeben und bei mittlerer Hitze weiter rühren, bis die Brühe verkocht ist. Nach ca. 20 Minuten, wenn der Reis aufgequollen ist, Käse, Salz Pfeffer und Basilikum darunter rühren und sofort servieren.

Tipp

Man kann den Risotto natürlich auch entweder nur als Basilikum- oder als Zucchinirisotto zubereiten. Risotto kann man auch mit allen möglichen anderen Zutaten, die man im Kühlschrank findet, zubereiten. Denkbar sind Knoblauch, Cayennepfeffer, Spargel, Schinken, Tomatenstücke, Hackfleisch, Fenchel, Broccoli, Kürbis, gelbe Rüben, Erbsen, Chilischoten, Bananen, Cashewkerne, Nüsse, und, und, und… . Dieses Gericht ist eine vorzügliche Hauptspeise und kann auch etwas kleiner portioniert als Vorspeise dienen.

Geschichte

Auf Weltreisen stößt man immer wieder auch auf Vegetarier (eher selten aus Bayern), und daher sollte man auch vegetarische Rezepte im Reisegepäck haben. Und wenn man sich hie und da auch mal vegetarisch ernährt, kann es sicher nicht schaden.

Zwetschgenkonfitüre mit Walnüssen

Zutaten
1,3 kg (ohne Kerne) Zwetschgen
200 g Walnusskerne
500 g Gelierzucker 3:1
1 Päckchen Zitronensäure
100 ml Zwetschgenbrand
Schraubgläser in ausreichender Anzahl

Zubereitung
Die Zwetschgen kalt abbrausen, trocknen lassen, entkernen und klein schneiden. Es sollte 1,3 kg Fruchtfleisch ergeben.

Walnusskerne mit einem spitzen, kleinen Messer von der Haut befreien und grob zerbrechen. Dazu die getrockneten Walnüsse kurz mit kochendem Wasser überbrühen, so lässt sich die Haut leichter entfernen.

Zusammen mit den Zwetschgen, dem Gelierzucker, der Zitronensäure, sowie dem Zwetschgenbrand in einem Topf vermischen. Alles unter Rühren aufkochen und 3 Minuten sprudelnd kochen lassen, gegebenenfalls den Schaum abschöpfen.

Zwischenzeitlich die Schraubgläser und Deckel auskochen. Für eine Gelierprobe etwas von der kochenden Konfitüre auf einen gekühlten Teller geben. Es sollte sofort gelieren.

Wenn die Gelierprobe erfolgreich war, die Konfitüre randvoll in die ausge-kochten Gläser füllen, fest verschließen und auf dem Kopf stehend abkühlen lassen. Am besten mit einem Küchentuch abgedeckt über Nacht stehen lassen.

Tipp
Eine ideale Verwendung für Lindenloher Walnüsse und Zwetschgen.

Für Anke ,
die ich mit der schlechtesten Spaghettisauce meines Lebens für mich gewinnen
konnte, die immer alles ausprobieren muss und dabei nie ein schlechtes Wort über
meine Kochkunst verliert.

© 2011

Herstellung und Verlag: Books on Demand GmbH Norderstedt
ISBN 9783842318885